介護保険が「介護」をつぶす

介護とは、豊かな文化創造を担うこと

櫻井和代

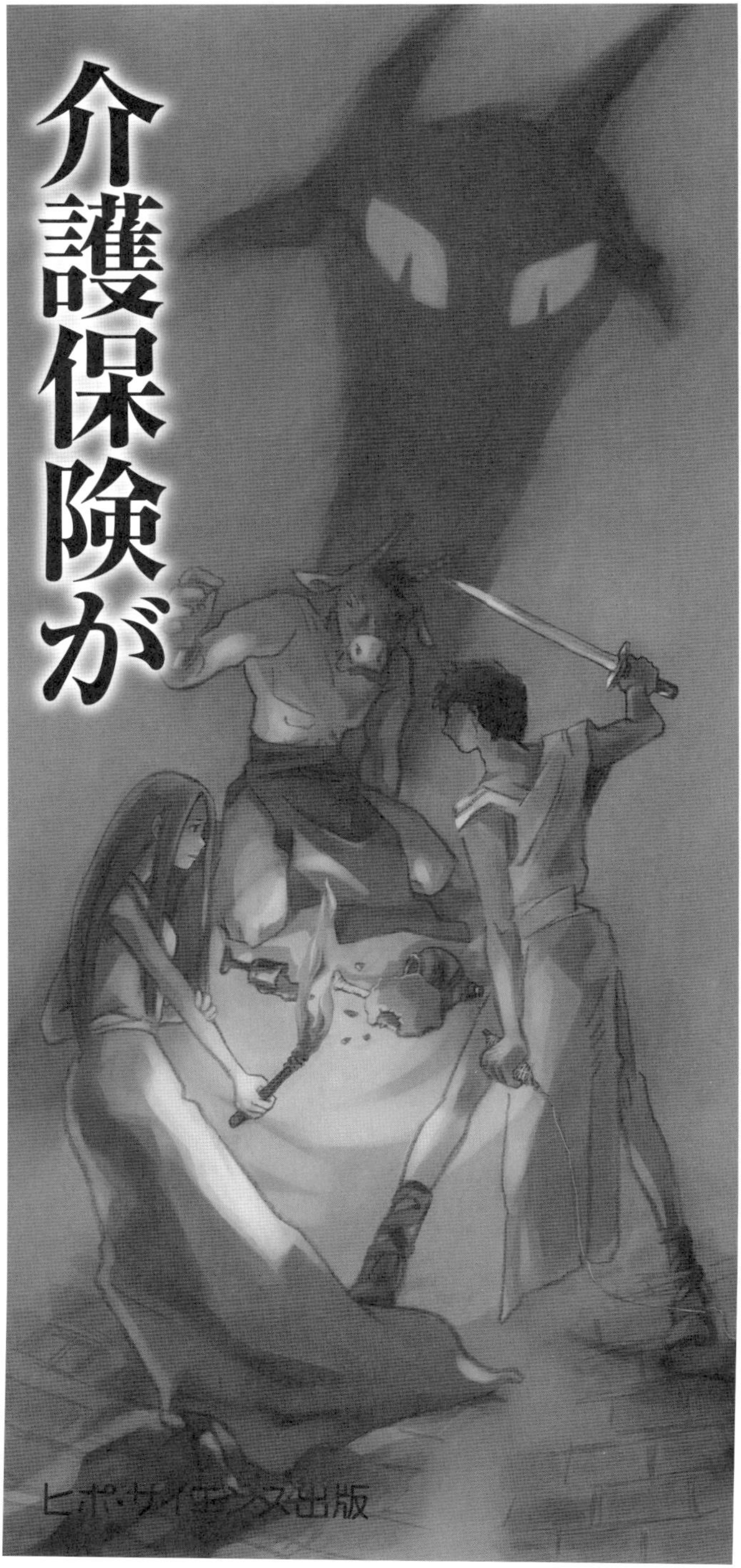

はじめに

介護の世界には、「人のために働きたい」と入ってきた介護職がたくさんいます。介護は、「人間はいいものだよ」「生きていて良かった」「救われた」といった気持ちを表出させることができるものです。現場では、今も介護職たちが、利用者の生きる意欲につながる介護と向きあって働いています。

しかし、いっぽう、こんな声も聞こえてきます。

「介護施設で働いているが、心も体も疲れて、真夜中にオムツ交換している最中に、なぜかひとりでに涙が流れてくる。泣きながら介護している」

「こんな安い給料で専門性など要求しないでください」

「私たちに人間らしい待遇を与えてください」

実際に自分の耳で、そんな言葉を聞いたとき、23年間ホームヘルパーとして「介護の仕事は素晴らしい」と思って働いてきた私は、とてもつらい気持ちになりました。今や、低賃金、重労働の代名詞のように言われ、「自分の子どもには介護の仕事はさせたくない」とまでイメージダウンしている介護業界の現実があります。

介護保険法は２０００年4月に施行されましたが、その内容は、その後、大きく変わってきました。制度設計は「高齢者の増加に比例して要介護者が増加する」を基本としており、それを訴え続けることで、「利用料、保険料のアップもやむを得ない」という空気を醸成してきました。国民は「社会の高齢化」というムチを打たれながら、保険料は上がり続け、利用料も1割負担であったものが2割負担になり、軽度の要支援者・要介護者のサービスが介護保険から外され、はじめに流布された「介護の社会化」の言葉は消え、「自助努力」の言葉が躍ります。

今、病院から在宅療養への誘導がなされていますが、在宅に戻されても、家族の介護力そのものが低下しています。介護保険は、家族介護が前提になっているので、十分な介護をしようと思ったら、会社を辞め、不安定な生活を選ばなければならなくなる人が今後も増え続けるでしょう。介護離職した人に、介護保険料や利用料がのしかかります。また、現在、消費税10％にストップがかかっていますが、この間に上昇した保険料は、２％増税分より多くなり、生活を直撃しています。

いっぽう介護市場は拡大を続けています。介護市場はいまや12兆円が見込まれていますが、その多くは巨大化した介護ビジネス企業に集中しています。

企業は利益確保のためには、人件費を抑さえ、効率的に介護職を働かせることが第一になります。利用者は、お金のあるなしで受けられるサービスが異なってきます。利用者にとっても介護職にとっても、介護保険をめぐる格差社会というものが現れています。

今、少なからぬ人が、そんな介護保険というものに失望を感じています。国民の信頼を得られない法を、そのままにしておいていいはずがありません。介護保険法は、このままでいいのか。「保険あって介護なし」の現実が加速化している今、本来めざすべきものは何か。立ち止まって考える必要がないでしょうか。

介護保険制度には、これに関係するさまざまな法律があります。いずれもあるとき急に成立するものではなく、「厚労省案」として出された法案を、社会保障審議会などで審議、答申され、国会の厚生労働委員会にかけられ、さらに国会で承認されることで成立します。内容も、介護報酬なら「介護給付費分科会」、法改正ならば「介護保険部会」などがあり、それらの経過は、なかなか人々の目には見えにくいものです。

けれども、それらに目を向けることで、解決の糸口は見いだせるかもしれない。

介護とは、本来、受ける人、行う人、双方の「人の幸せ」に関わるものであり、法はそれを後押しするはずのものです。国は、改革というけれど、改革には、「はじめること」と「やめること」の二つがあります。走りなながら考えるのではなく、立ち止まって考えることも、とても大事なことです。

本書は、そんな思いを抱いた一人のホームヘルパーが見た介護保険の17年の姿、事実をありのままに記したものです。言葉足らずのところも多くあると思いますが、ぜひご一読いただき、介護やそれに関わる法・施策に目を向けていただければ、筆者としてはこの上ない喜びです。

なお、本書で、介護従事者の呼称として、「介護職」とすべきところを、筆者自身の出発点が「ホームヘルパー」であったため、「ヘルパー」という言葉を利用していますこと、また、「認知症」など時代によって変化した言葉は、使われていた当時の言葉をそのまま使っていることをご了解ください。

櫻井和代

介護保険法という迷宮《めいきゅう》

「どうも介護保険法というものがわからない」

単純にサービスを利用したいと思っても、介護保険法の仕組みは、とても複雑で、しかもたびたび改正がなされて、運用がその時々で変わる。介護に直面していない人が、介護保険を唯一、実感するのは、介護保険料の徴収通知が来た時。でも、その金額が妥当なのか、その判断もつかない。時々、新聞紙面に介護保険関係の記事が載るけれど、それもよくわからない……。

とことん知りたいと思って、法の中に飛び込んだら、そこはまるでギリシャ神話の「クノッソスの迷宮」のよう!

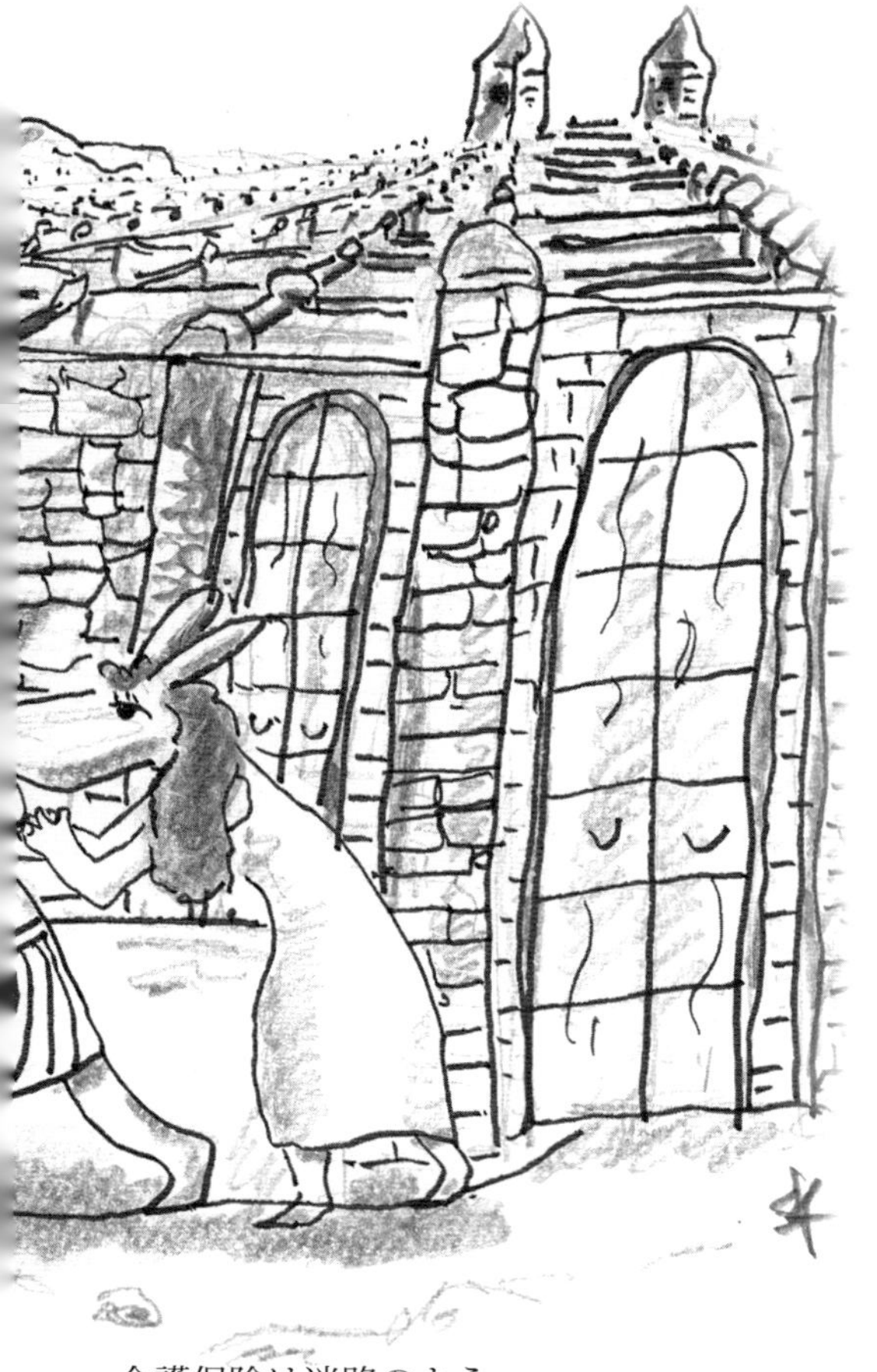

介護保険は迷路のよう

ダイダロスの設計した迷宮には多くの扉がありますが、どの扉を開けても迷い人は決して外に抜け出せません。迷宮の中には、人間の身体と雄牛の頭を持つ怪物ミノタウロスが棲んでいて、迷い人や生《いけ》贄《にえ》を食べて生きています。彼の身体には、きらびやかな星が描かれています。

介護保険法を構成する、介

護保険施行令、介護保険法施行規則、運営基準、厚生労働省告示、解釈通知、さらに法改正の手続き、社会保障審議会、介護給付費分科会、介護保険部会、閣議決定、衆参議院の予算委員会……それらはまるで迷宮の扉のように重なりあって、サービスを利用したい人々の前に屹立《きつりつ》しています。

神話では、アリアドネから魔法の剣と糸玉を与えられた若者がミノタウロスを倒し、糸をたぐって迷宮を脱出します。さて、私たちを導くアリアドネの糸は・・・・・？

目次

第一章

福祉・措置時代のホームヘルパー

ホームヘルパーになった

ヘルパーになる前、私は重電機メーカーの営業事務の仕事についていました。義母が胃がんで倒れ、看病のため仕事を辞め看取った後、職を探していた私は、1982年4月、江戸川区に「家庭奉仕員」として採用されました。職場での呼称は「ホームヘルパー」、外では、名前で呼ばれるより「ヘルパーさん」と呼ばれたりしていました。

配属されたのは、「福祉部障害者福祉課身体障害者援護係」。区役所の福祉事務所の中にあり、お隣には、精神薄弱者援護係、老人援護係などがあって、それぞれの部署に家庭奉仕員がいて、毎日事務所から対象者宅に身体介護や(*)家事援助で訪問していました。

私の職場の先輩は4人。入職直後から、毎日、先輩の後について、訪問先や援助内容を学びました。仕事内容は掃除、洗濯、買い物といった家事のほか、オムツ交換、清拭《せいしき》、入浴介助、通院、外出介助などです。午前午後1件ずつ2件を訪問、帰ったら記録をとります。

それまで、数字を相手にしていた営業事務とはまったく異なり、人間相手の仕事で、毎日が新しく出会う場面ばかり。仕事をはじめたころは、とにかく先輩の言う通りに業務を行うこと、事故なく仕事を終えることだけで精一杯でした。

はじめてオムツ交換した後は、福祉事務所に帰ってからも、その臭いが離れず、食事もとれなかったのですが、慣れとは恐ろしいもので、そのうち、オムツを話題にしながら食事がとれるまでになりました。

何気ない一言で訪問拒否をされたり、思いもかけないクレームをつけられたり、失敗やアクシデントで胃が痛くなるような思いをしたり、逆に、心がとろけるような感謝の言葉を受けたり、障害をもっても毅然《きぜん》とした生き方を示す人の姿に感嘆《かんたん》したりの毎日です。事務所に帰れば、係の仲間は、口の悪い人もいたけれど、皆、心根がやさしく、なんと居心地の良いことか。福祉の「ふ」の字も知らなかった私ですが、やがてこの仕事の面白さにはまっていきました。

私の兄弟姉妹は、それまで家事にまったく縁のなかった私を、「ヘルパーの仕事が務まるはずはない、三日も持たないだろう、いつ辞めるか」と見ていたようですが、掃除、洗濯、調理といった家事も、他人の家では違った思考のもとで行われ、すべてが違ったものに見え、新しい経験はとても楽しいものでした。

他区のヘルパーと出会う

私は、目の前の仕事に追われ、当初、福祉・介護の政策にはほとんど無関心でした。

しかし、福祉事務所では、私たち現業職にも、自費や公費でさまざまな学習会参加の機会が与えられていて、次第に自分たちの仕事を、行政的な観点から見るようになってきました。とくに、1986年、大田区役所のケースワーカーのリーダーシップでつくられた「在宅ケア研究会」の合宿に参加したことは、職場から外界に目を向けるきっかけとなりました。

家事援助　介護保険法では、「家事」という言葉が嫌われ、途中から「生活援助」「生活支援サービス」などと呼び方が変わります。介護保険では、「家事援助」は、より重度の人の「身体介護」（オムツ交換など）と区別されますが、「家事援助」は、単に洗濯、料理、買い物といったものではありません。当事者を観察し、会話し、重度化をふせぐための生活リハビリの視点を含むもので、介護の「入り口」であるとともに基本です。

勤務後に通う月1回の研究会では、事例研究、ホームヘルプ技術や社会福祉の動向、地域実践例などを学習しました。他区のヘルパーと交流するなかで、私は社会福祉としてのホームヘルプ業務を考えるようになりました。私が、介護に取り組みはじめたころ、介護という言葉自体が新しく、ホームヘルパーという存在も世間的にはよく知られていませんでした。私たちは、現場で、どのように実践したらいいのかを模索するために、知識や技能の習得を急ぎました。

私の小さな手帳には、学問としての系統だったものではないのですが、精神分裂病の理解、在宅がん患者の疼《とう》痛《つう》コントロール、骨粗しょう症、肝炎、口腔ケア、頭痛と鎮痛剤、感染症、エイズ、リハビリ病院、痴呆症（認知症）患者の援助にあたって、などさまざまな学習表題のメモが残されています。それらがどれだけ自分のものになっていたかはわかりません。でも、学習する中で、介護の意味、在宅ヘルパーの位置づけや社会の評価、法の変化の中で揺れ動く自分たちの立場を直視せざるを得なくなったことは確かでした。

事例検討などは看護学の木下安子先生（白梅学園短大教授、新潟青陵大学学長などを歴任された）の指導が大きな力でした。

木下先生の言葉を聞き取った当時のメモにはこうあります。

「看護職は病気やその進行状況を見る。介護職は生活行為を見る。普段私たちは、何気なく、食べたり、寝たりしているけれど、それがどんなに大切なことか。食べなくては死ぬ。命の問題がヘルパーのところに大きくのしかかっている。

でも、『介護とは何か』という評価が定まっていない。専門職としての認知もされていない。お役人はそこに全然気がつかないことが問題。でも、前向きに取り組むことで評価は得られる。

命は尊《とおと》い。人間とはすばらしい。そんな気持ちの人が集まっている、この学習会をもっと発展させていきましょう」

介護の評価が定まっていないのは、昔も今も同じです。現在の介護現場のさまざまな矛盾は、「介護」の概念が未確立ななかで、介護を一面的にしか見ない、評価ができない人たちが、介護保険法と制度をつくったことで生まれてきたのだと思います。

30分黙って相手の話を聴くのだよ

介護をするのが介護職なのですが、その「介護」って何でしょう。ほんとうは、今でも、ここから考えなければならないことです。

現在のほとんどの介護職は、介護保険制度が発足してから介護の仕事に携《たずさ》わるようになった人たちです。ですから、介護とは、「介護保険の中でいわれているもの」と理解していると思います。

ホームヘルパーになったとき、私の役所の中の位置づけは「単純労務職」でした。最初の職員研修で、「単労」という言葉が使われ、よく意味がわからなかったのですが、よく聞くと「単純労務職」の略で、これはちょっとショックでした。

ヘルパーや給食調理員など現業職が、事務職と給料体系が違うことはまったく気にならなかったのですが、「単労」という言葉には戸惑いました。

「ああ、ヘルパーってそういう位置づけなんだ」と実感しました。今もそうかもしれませんが、当時、80年代はじめといえば、高止まりする日本経済を支える男性が、「24時間働けますか」という広告のキャッチコピーのように、バリバリ働くのを美とする社会観がありました。

家事介護労働なんて、「しょせん女の仕事」という認識が根強く、その認識のままヘルパーが「単労」として位置づけられたのでしょう。この認識は冷凍保存されたまま、現在の介護保険にもつながっているようです。ちなみに、区職員採用試験は筆記試験と作文、面接でしたが、何故私が採用されたかというと、「体が丈夫で、ものおじしない性格だから?」でしょうか。３名の採用でしたが、一人は准看護婦、一人はヘルパー養成講習受講者で、まったくの素人でいわゆる「主婦」は私だけでした。

在宅ヘルパーは、主婦なら誰でもできるというのが一般的な見方で、だから私が「難関を突破して」滑り込めた、ということかもしれません。区の事務職の人たちにとっても、ヘルパーたちは異質の存在であったかもしれません。とくに私は、「無知」もあるけれど、こわいもの知らずの「変わり者」だったのですが、皆、寛大に受け入れてくれました。

生活保護担当の係長は、社会福祉に従事する者の心得《こころえ》や、人間の生活を支援する技術をわかりやすく教えてくれました。当時、ヘルパーの訪問先は、低所得者、単身高齢者、障害者など「福祉」の援助を必要とする、さまざまな生活課題を抱えた人々でした。介護保険では「サービス」という言葉が使われますが、当時、「措置《そち》」という言葉が使われ、必要な家庭に、必要な支援を提供することが福祉の仕事でした。

この係長の言葉で、今でも忘れられない言葉があります。

「いいかい。初めて訪問する所では、まず30分は黙って相手の話を聞くことだよ。援助を拒否されたからといって、無理に何かやろうと思わなくていい。何もしないで帰ってきてもいい。次はきっと受け入れてくれる」

それは、社会福祉の対人援助技術の基本ともいえるものでした。

ヘルパーであることが楽しかった

「介護」とは、人の心の自立を促《うなが》すこと、家事や身体介助はそのための手段であってそれが目的ではない・・・。それは私にとって、とてもやりがいのあるすばらしい仕事でした。

「単労」という言葉への違和感は多分その思いからもあったと思います。しかし、介護を「単純労務」と考えるのは役所だけではありませんでした。初めて訪問したお宅での対象者との会話です。

「あなたは結婚しているの？　家族は？　家はあるの？　幸せ？」

「ええ、夫と二人の子どもがいます。家もあります。幸せだと思います」

「えっ？・」

もともと「家庭奉仕員制度」がはじまったとき、その担い手として生活に困っている「寡婦《かふ》対策」という意味もありました。そのせいもあってか、ヘルパー自身が「貧しい気の毒な人」であり、「お手伝いさん、女中さんのような人」という認識が世間にありましたし、そのヘルパーを利用すること自体も、「お上の世話になっている」というスティグマ（屈辱感・負い目）がありました。

ヘルパーの中には自分がヘルパーであることを隠す人もいました。そんな中、私はあえて「ヘルパーの櫻井です」と主張するようになりました。私は、今も懐かしい人たちから、「あ、ヘルパーの櫻井さん」と声をかけられると自然に笑顔になります。知的障害者援助で関わった子どもたちは、30年後の今も道で会うと「先生―」と呼んでくれます。先生でもヘルパーさんでも櫻井さんでも、私はかまわないのですが、この呼び名についてはヘルパー仲間でもときどき論議となりました。

現在は、「介護職」は、ヘルパー、施設勤務職などの総称であり、「ヘルパー」は、在宅の家事介護の援助者という意味合いで使われているように思います。また、介護保険法では「訪問介護員」という呼称が使われますが、この呼び名の変更には措置《そち》時代のものとは違うことを主張しているように感じます。

つまり、「ヘルパー」は家事援助的なことを行うものだが、「訪問介護員」は、いずれは身体介護・医行為に特化させる「専門職」としたかったのではないかと思います。

名は体を現すといいますが、国が定める呼び名には特別な意味がある場合が多くあります。今、メディアなどでは「介護士」という言葉が目立ちます。それも、裏には大きな意味があるのかもしれません。

ヘルパーって何をする人なの？

ヘルパーの仕事は楽しいながら、いつも目の前にあったのは、介護とは何か、目指すべきヘルパー像とは何か、という問題でした。

「ヘルパーとは何をする人なの？」

それは、突き詰めていけば、当時、使われ出した言葉でいうと「アイデンティティ」に関わる問題でした。「ホームヘルパー」という言葉が一般的に使用されるようになると、「手助けする人。とくに家事など生活行為の手伝いをする人。老人や体の不自由な人の世話をする人」というイメージが浸透してきましたが、その位置づけは不確かなままでした。

私は、なんとかホームヘルパーの社会的認知を得たいという思いで数冊本を書きました。まず、在宅ケア研究会で事例を元にした『ホームヘルパーを知っていますか』（萌文社）です。この本は、「ホームヘルパー」ということがまだ社会的にも知られていないときに、措置時代のヘルパーの姿を現したものです。『こんにちはホームヘルパーです』（リヨン社）では、介護保険法の成立前後のヘルパーの姿を書きました。介護保険法がはじまってからは、『ホームヘルプ労働の自立と未来』と、『ホームヘルパーと訪問介護計画』（ともに、本の泉社）などです。

他者からの評価ではなく、自分自身への評価が不確かであることは、その後の法の変化の中でも常に突きつけられる問題でした。自分自身が明確な答えを見いだせないジレンマの中で、ヘルパーのアイデンティティを確かなものにしたい思いでの執筆でした。

たびたび、私は、「ヘルパーは専門職」と主張してきました。ヘルパーの価値は、「家事や介護の技術」とイコールではなく、本質は「人権」「生活文化の拡大」であり、現代の社会において「豊かな文化の創造の担い手」である、と話してきました。

それを、実践の場でどのように展開できるか。ホームヘルプという仕事の中身が漠然《ばくぜん》と「他人のお世話」とイメージされているときに、「どこで、誰と、いつ、どんな方法で、どんなこと」を行うのか、それを明確に示すことが大事とも思いました。私にとって、理論よりその実践が第一義でした。

すると、専門職といいながら、あらためて自分の欠陥が見えてきます。

「今まで広く浅くということが要求され、どのようなことにも対処してきたが、あらためてエキスパートかと問われたらどうだろう？」

社会資源、社会福祉の知識、病院等の情報、連携、緊急時の適切な対応、コーディネート、家族間の調整、公平な対応・・・。

これらは確かに行政職員としての強みでクリアできます。しかし、調理、洗濯、掃除、ベッドメーキングなどは一応できるが、たとえば、魚の三枚おろしができるくらいの技があるか？プロの動作は美しいが、自分は、理論にかなった移乗介護技術を獲得できているか？看護師さんのように、病気の状態を適切に把握できるか？

自分自身に当てはめれば、「まだまだ」という感じです。

本当は、「ヘルパーは何をする人なのか」ではなく、「ヘルパーは何を目指す人なのか」と考えていかなければならなかったと思うのですが、現場での仕事を完璧にできなければならない、と思い込んでいた私は、そこでつまずいてしまったようです。

介護とは人の幸せにかかわるもの

それは、介護とは何か、ケアとはなにか、その問いにもつながっていきます。

介護とは何か？それについては、日本でも外国でも、介護と看護の関係などを含めて、多くの識者がさまざまな説を提唱してきました。しかし、介護には、まだきちんとした定義がされていないというのが私の実感です。

私の最初の職名は「家庭奉仕員」です。ここでいう奉仕とは、貧困・困窮者の日常生活全体を視野にいれて支えることであったと思います。まだ、何の勉強もしていなかったとき、マザー・テレサの「慈しみ深くありなさい。あなたに出会った人がもっと幸せになるように、ケアだけでなくあなたの心を与えなさい」の言葉に出会い、「ああ自分もそうでなければ」と素直に思ったものです。

その後、ナイチンゲール『看護覚え書き』、ミルトン・メイヤロフ『ケアの本質』、マーガレット・デクスター『ホームヘルプサービス』といった本を読み進むうちに、介護そのものの意味を考えるようになりました。

「看護とは与薬などだけではなく、新鮮な空気、光、熱、静けさを与えること。全ての患者に対してその生命力の消耗を最小限にする働き・・・」それは、実際の介護場面にも重なります。

「人と人の相互行為」「相手を適切に気遣う他者とのかかわり方」「ケアし、ケアされる関係」「ケアとは配慮の

実践」「他者の成長と自己実現を援助するもの」・・・

介護とは、社会福祉の一環として、日常的に心身に起こる支障の解決を図るために行われるもの。身体介護や家事行為だけにくくられるものではなく、むしろそれらは、社会福祉援助技術の中の個別性の高い面接場面であるという言葉も、なるほどその通りと私の中に入っていきます。ですから、常に自分の感情をコントロールしなければならず、職業にふさわしい感情の表出と適切な感情の抑制、介護行為に責任を負うことも、福祉職の立場では当然のことでした。

ところが、その後、ヘルパーとしての役割や専門性を模索する私たちの背後で、国は「介護」の定義を、見かけの「行為」から定めていきます。

後の介護福祉士法では、「専門的知識及び技術をもつて、身体上又は精神上の障害があることにより日常生活を営むのに支障がある者につき、心身の状況に応じた介護を行う者」と規定され、介護保険法では、「その者の居宅において行われる入浴、排せつ、食事等の介護その他の日常生活上の世話」と規定しています。

その規定が、介護保険法施行後のヘルパーを翻弄《ほんろう》していくことになったのです。

今、介護について問われたら、私はどう答えるでしょう。多分シンプルです。

「介護は人間だからこそ行われる行為です。動物は、子育てはするが介護はしません。介護はみかけの行為でくくられるものではなく、人が、最後まで、よりよく生きる、よりよく死ぬために、人間の尊厳を守るために行われること。人の幸せを実現する行為。介護する者、受ける者すべてに、幸せをもたらす行為です」と。

だからこそ、介護従事者には高い人間性、倫理観が求められるし、それらを保証するには、介護従事者にもそれに見合った待遇が与えられるべきと思うのです。介護職は、人々の自立を支えるとともに、自身が自立していなければならない。そうでなければ、良い介護はできないのです。

介護にかかわらず、保育や教育、看護、人に関わる仕事には、国はお金を惜しんではならないと思います。「財源はどうするのか」と問われるかもしれませんが、公共投資でハードにお金を注いでも結局、経済を好転させられていません。お金は社会を循環せずに、大資本にストックされ、格差社会を拡大させてしまっています。

少子高齢社会の中で、教育、医療・介護に投資することは決してムダなことではなく、お金は未来に循環します。北欧で「保障があるから僕たちは喜んで税金を払うよ」という言葉を聞いたことがあります。より良い介護が行われることは自分たちの将来の姿につながるのですから、人々の希望と活力の源になります。

制度の変遷《へんせん》

自分たちがどのような位置におかれているのか、それを知るために必要なことは、法の動きを知ることでした。この仕事についたころは、その認識が欠けていました。その後少しずつ学習して知るようになったことを、今、たぐり寄せてみると、改めていろいろな事実が見えてきます。

私が入職したのは1982年ですが、「家庭奉仕員派遣事業」は、老人福祉法や身体障害者福祉法の下での「措置《そち》」事業でした。家庭奉仕員の業務は、家事介護はもちろんありましたが、相談（話し相手）の項目が強調され、老後の生きがいにも重点が置かれていました。

介護問題がクローズアップされるようになったのは、日本の高齢化率（65歳以上人口の占める割合）が7％となった1970年ごろからでしょうか。有吉佐和子の『恍惚《こうこつ》の人』がベストセラーになり、寝たきり老人の問題もクローズアップされました。

日本の人口構成から、急速に高齢社会に突入することが数字で示され、国民の不安はあおられました。そこで起こる「介護問題」に、国としても早急に対策を立てなければなりません。

特別養護老人ホームなどの施設の数も増え、施設処遇については、現場でもその年ごとに課題が設定されました。たとえば、70年は「人権」、71年は「処遇の近代化、個別処遇」、72年は施設を「生活の場」として位置づける（当時、施設の夕食は4時台がほとんどでした）などです。それは、次第にケアの内容にまで踏み込むようになり、78年には、おむつ交換を「定時交換」ではなく「随時交換」に、81年には「ベッド離床・寝食分離・レクリエーション・リハビリ」というように、施設入居者の生活改善がはかられていきました。

しかし、「介護」という言葉が国民の目にも触れることが多くなったとはいえ、まだまだ世の中は、「嫁や娘が親の世話をするのは当たり前」という認識でした。施設にしても、ほとんどの特別養護老人ホームは、土地の安い人里離れた山奥などにつくられ、６人部屋、８人部屋がふつうでした。私自身、１９８０年ごろ義母ががんに倒れたとき、退職して看病するのは当然のことと受け止めていましたし、要介護状態になったとしても施設への入居は考えられませんでした。

高齢化社会に入って、一時期、老人医療費が無料の時期がありました。しかし、その後、医療福祉予算はいつもやり玉に挙げられるようになりました。また、この時期、病院への入院が急増し、在宅ではなく、病院で亡くなる「病院死」に大きく傾いていきます。同時に、ポータブル化された医療機器によって、在宅酸素、腹膜透析《ふくまくとうせき》等が自宅で可能になったことから、「病院から在宅医療へ」と揺り戻しもありました。

介護を必要とする在宅の対象者も増加し、公務員ヘルパー拡充の動きは全国的に広がっていきます。そのような中、私はホームヘルパーとなりました。

ゴールドプランの登場

私が区役所に入職した１９８２年、在宅施策として家庭奉仕員制度改正が行われました。派遣の目安は週18時間、また、それまでのように貧困層だけではなく所得制限が撤廃《てっぱい》され、対象者が拡大しました。そのため、公務員など「公的ヘルパー」が行ってきたホームヘルプ事業は、東京都の場合、家政婦紹介所に委託されることになりました。区が介護券を発行し、「出来高払い」で各家政婦紹介所に費用を支払うというものです。

ヘルパー採用時研修70時間も打ち出されました。

区の職員ヘルパーと家政婦紹介所のヘルパーに援助内容の差はありません。紹介所に入る報酬は援助時間のみでしたが、当初は、対象者の不在（キャンセル等）保障、研修参加費、交通費補助がありました。時間は1件につき3時間、6時間といった「滞在型」であり、後に、時間に合わせて「1時間付加券」（滞在型介護にさらに1時間プラスする）など券の種類が増えていきました。

当時、ホームヘルプ事業は地方の大都市では自治体が直接管轄《かんかつ》し、それ以外は社会福祉協議会（社協）などが中心に行っていました。また、実際に江戸川区で介護券制度がはじまり、私自身、介護券の集計など事務作業に携《たずさ》わったのはしばらく後であったと記憶しています。

このころ、かつての「看取り三月（みつき）」とは様変わりし、高齢者の寝たきり期間5年以上が35%というところで、介護者の疲弊《ひへい》、「介護地獄」も問題化していました。「寝たきり」ではなく、「寝かせきり」という言葉も生まれ、家庭介護そのものにも問題があるとされました。

このころイギリスでは鉄の宰相サッチャー時代で、日本もそのあおりを受け、「新自由主義」「新保守主義」など、個人の自由や市場原理が再評価され、政府による個人や市場への介入は最小限にすべきで、「小さな政府」（ビジネス市場に重きをおき、政府の介入を小さくするという考え方）という言葉が新聞紙面に目立つようになりました。また、その後に続く、バブル崩壊《ほうかい》、冷戦構造の終焉《しゅうえん》、経済不況によって、社会保障の見直しが大胆に図られていくことになります。来たるべき高齢社会に向けて、北欧型の重税とともに手厚い福祉を目指すという、いわゆる「高福祉高負担」は否定され、「中福祉中負担」政策が推進されました。

同時に、従来型の福祉活動は、自治体がつくり運営する「公設公営《こうせつこうえい》」が多かったのですが、それでは、「財政問題・効率性・サービスの質に問題を残す」といわれるようになり、「民営」が礼賛《らいさん》されるようになります。

それらは、末端の現場にいる私には、遠い別の世界のことのようでした。しかし、福祉の世界は、その後、新自由主義の暴風をまともに受けることになります。

１９８６年６月、社会福祉基礎構想懇談《こんだん》会が「社会福祉改革の基礎構想」を提言し、同時に「長寿社会対策大綱」が閣議決定されました。１９８８年10月、旧厚生省は、将来の福祉の枠組である「長寿・福祉社会を実現するための施策の基本的考え方と目標について」を策定します。

ここに、高齢者が保護や援助の対象としてだけではなく、社会に貢献する一員として、社会参加できるようにすること、「自立自助の精神」と「社会連帯」などの言葉が出てきます。89年、それを踏まえて、「高齢者保健福祉10カ年戦略」通称「ゴールドプラン」が策定されました。10年間で6兆円以上を投じて、特別養護老人ホーム整備、ホームヘルパー、デイサービス、ショートステイの整備による在宅福祉対策などを進めるとされたのです。

その財源とされたのが消費税でした。

しかし、消費税収入は1年間6兆円と予測されましたから、10年間では10倍の60兆円になります。ですから、「福祉のため」というのは、あくまでカモフラージュといえます。この手法はそれ以後も繰り返されます。

介護福祉士の誕生

「住み慣れた地域社会での生活」の言葉も前面に出され、「地域主義」という考え方が強調され、福祉は国レベルではなく地域レベルで考えるべきこととされるようになりました。地域福祉の体制づくりとして、これまでの自治体中心（フォーマル・セクター）の福祉活動とは異なる路線が打ち出されます。

一つは、インフォーマル・セクター（ボランティア的な民間団体）を主体とした福祉です。もう一つは、ビジネス（民間市場）を福祉の場に取り入れるというものです。

その過程で、１９８７年、「社会福祉士及び介護福祉士法」が成立しました。介護労働の分野に国家資格が創設されたわけです。これは、画期的なことと歓迎されるいっぽう、現在、福祉の現場で働いている福祉労働者に有資格者・無資格者が混在するのは問題という議論にもなりました。

公務員ホームヘルパーは、福祉事務所の中で、日常の生活援助を通じて、生活保護の人たちなどのさまざまな相談にのる「ソーシャルワーカー」のような役割も担っていました。そこに、専門職としての棲み分けが行われ、社会福祉士、介護福祉士という、コーディネート役と現業部門が明確に分けられ、結果的に介護福祉士は、「介護技術」に特化するという役割が強調されることにもなります。

国が国家資格を設定した理由は、今後の高齢社会において、「大量に確保しなければならない社会福祉の人材の技能を一定に担保すること」「いずれ事業を民間に委ねた場合も一定の質が確保されていること」「無償の福祉労働であるインフォーマル・セクターの牽引役《けんいん》」でした。

当時の私たちの職場では、資格創設の意味が不透明ながらも、公務員として「模範」を示すためにも資格をとるべきということになり、仕事の後に自主勉強会を開き、１９８９年の介護福祉士第１回試験に臨みました。その結果、晴れて「介護福祉士」にはなったのですが、別に待遇が変わるわけではありませんし、もちろん仕事が変わるわけでもありませんでした。

国家資格というけれど、処遇はおきざり

どこでもそうだと思いますが、仕事では、目の前の課題をこなすのに、「目いっぱい」といった状況があります。私たちにとって、現実的に厳しい生活環境に置かれている人をどうケアするか、ということのほうが切実な課題でした。

先に述べたように、私たちは、在宅ケア研究会で、自分たちの介護の質の向上のために、事例検討の積み重ねや実技実習を行っていました。国の求める「質の向上」と「専門的な訓練や教育の必要性」は私たちも痛感していました。ただ、私たちの目的が現場で直面する介護問題を解決するために必要な技能であるのに対し、国レベルで検討されていることは、政策実現のための道筋で、目的が大きく異なっていました。

「介護福祉士」を養成する際の履修《りしゅう》内容は、それまでのホームヘルパー講習の内容を踏襲《とうしゅう》した技能の上に、社会福祉知識を乗せた二段構造でした。朝食にたとえれば、介護技能のトーストの上に、社会福祉知識のジャムを乗せたという感じでしょうか。

しかし、土台になっている「介護とは何か」が確立していたとは言えません。これは、介護福祉士のアイデンティティに関わる問題ですが、介護保険制度が成立してからヘルパーになった人には、この疑問は不思議に聞こえるかもしれません。

今、「介護」は、さまざまな家事援助（生活援助、生活支援サービス）、身体介助の方法を集積したものとして

教えられています。しかし、「介護」とは、介護技術だけでなく、人の尊厳に関わるものです。決して技能や行為だけでつくられるものではないということは忘れてはならないと思うのです。

資格創設で「介護福祉士」の定義は、当初、「専門的な知識や技術をもち，入浴、排泄、食事などを含む介護や、介護に関する指導を行なう人」と定義されました。コミュニケーション力などの「対人援助技術」より、「行為としての介護」が前面に出て、それまで「介護とは何か」ということで議論されてきた内容が、その担い手の思考や処遇を抜きにして語られたことは、現場に大きな影響を与えました。福祉理念はお題目として掲《かか》げられますが、それを発展させる道筋が現実に見えにくく、個人の資質問題になりがちになったのです。

さらに、問題を複雑にしたのは、「介護福祉士」とは別に、ヘルパー養成講習を受けた者に与えられる「ホームヘルパー養成研修修了者」という資格です。それは、そのまま旧厚生省内の管轄に反映されます。つまり、「ホームヘルパー養成講習」は老健局、「介護福祉士」は社会援護局という２つの部局が管轄《かんかつ》することになり、現場のヘルパーたちを振り回すことになりました。

介護福祉士は、その名の通り、介護技能のトーストの上に、社会福祉知識を乗せた資格

資格履修時間も、当初、介護福祉士は１８００時間（国家登録証を得られる）、ホームヘルパー1級２３０時間、２級１３０時間、３級50時間（以上は修了証）でしたが、資格によって待遇の差があるわけではなく、同じく「ホームヘルパー」です。質の向上だけが問われ、資格と待遇がリンクしない構造はこのころから定着していました。

その後、介護保険がはじまり、「質」の問題がクローズアップされると、養成時間、内容などに目が向けられていきます。介護職員基礎研修（実務経験なし500時間）の義務づけ、介護福祉士の資格取得ルートの変更、介護福祉士法での介護の定義の変更（「入浴・排泄・食事の介護」から「心身の状況に応じた介護」）などがあり、カリキュラムもたびたび変更されました。しかし、実技・実習不足というところは見過ごされていました。

国家登録証の位置づけの「介護福祉士」の資格は、名称だけの資格であり（名称独占）、いっぽう、養成時間3000時間の看護師の国家免許資格は、看護師にしかできない業務の資格であり（業務独占）、その差は歴然です。介護の専門家としての介護福祉士の創設によって私たちはようやく社会的認知を得られると喜んだのですが、それは非常に危ういものを成立時から内在させていました。

在宅介護と市場主義の台頭

1990年6月、福祉八法改正が行われ、「市町村が、在宅福祉サービスと施設サービスをきめ細かく、一元的計画的に提供する」とうたわれました。福祉の世界に「措置」という言葉に代わって「サービス」という言葉が前面に出てくるようになりました。法改正のキーワードは、「地域主義」と「在宅主義」です。

在宅福祉の推進のために、「サービス主体の市町村への移行、都道府県などによる福祉計画の策定、民間事業所の参加を認める、施設入所中心から在宅福祉への推進、措置から利用者の権利・・・」などとされたのですが、言葉を聞いても、イメージすることは難しく、意味もよくわからないものでした。

国の法施策が、自分たちに直接かかわることと知り、ゴールドプランの中で「在宅福祉の三本柱」ともてはやされる面映《おもは》ゆさがあるいっぽう、「民間事業者」「サービス」といった言葉の組み合わせに、漠然とした不安も感じていました。

それを打ち消すように、1991年8月、旧厚生省は、「保健医療マンパワー対策大綱」を示し、ホームヘルパーの勤務条件の改善、常勤ヘルパーの給与を253万円から376万円に、非常勤ヘルパーについては、「介護型」時給1400円、「家事型」時給930円が示されました。また、介護はチームで行うこと、主任ヘルパーには加算をつけるなど、ヘルパー育成と給与アップの道筋がつくられました。

このような動きに、私たちは、ホームヘルプ業務の社会的承認に向けて希望を抱きました。

しかし、国から同時に示された、ボランティア活動の促進など、非常勤時代から常勤雇用を勝ち取ってきた介護職の身分が崩《くず》されていく萌芽も示されていたことは、見過ごされました。

規制緩和と民間参入の拡大へ

バブル経済が崩壊しても、経済的にはまだバブルの夢を追いかける時代が長く続きました。

そのような中、1992年、看護師不足がクローズアップされます。慢性疾患が増加し、病院での入院治療の受け入れが限界に達するとの考えから、医療法改正で、一般病床のほかに、療養を主とする「療養型病床群」（いわゆる「老人病床」）が創設されました。同時に、在宅ケアにも国民の目が向かうようになります。

ホームヘルパーや介護福祉士などといった職種も関心を寄せられはじめました。在宅酸素など、それを支える医療介護技術も進歩し、在宅ケアのバックアップ体制への要望が声高になります。その中で、多様な利用形態が可能な訪問介護、訪問看護、緊急通報、ショートステイ、地域リハ、入浴サービスなど、在宅ケアのメニューも広がりました。ホームヘルプサービスが充実すれば、訪問看護師の時間短縮が可能になることも議論されました。市場と同時に、「新自由主義」や「市場原理主義」の言葉がより目立って主張されるようになっていました。

原理主義とは、政府はさまざまなセクションから手を引き（規制緩和《きせいかんわ》し）、民間の市場に委《ゆだ》ねることとです。民間企業は、最大限の利益を上げるためには効率化を求め、法を犯さない程度に「何でもやる」ということになります。収益を最大化するためには、なるべく大規模に行うほうが有利で、中小零細企業は非効率的な存在だ、と考えられるようになります。また公営事業をどんどん民営化されることが社会の価値観として育っていったのです。

私たちのような自治体の現業に携わる者にとっても、公的支援の後退は肌身に感じられるようになりました。ホームヘルプ労働などの社会福祉労働は、不生産・不採算・非効率・不熟練の典型とされ、低い価値の労働とみなされるようになりました。なかでも公的ヘルパー（地方自治体や社会福祉協議会のホームヘルパー）は非効率的な存在とされ、賃金の安い家政婦協会などに属する民間ヘルパーへの代替えが進められました。

介護保険法の布石《ふせき》、新ゴールドプラン

1993年、世の中の景気は最悪になりました。

若年者、団塊の世代の子どもにとっては「就職氷河期」のはじまりでした。世の中が索漠《さくばく》としてくる中で、1994年、日本は65歳以上人口14％という「高齢社会」に突入しました。

89年に策定された「ゴールドプラン」は4年で見直しを余儀なくされ、旧厚生省は、目指すべき社会保障全体の骨格を「新ゴールドプラン」で提言し、ヘルパー17万人確保などを示しました。

実は、この延長線上に「介護保険法」が提案されていくのですが、当時の私たちの認識では、「数値目標が大きくなることは社会福祉が拡充すること」というものでした。このころの国のスローガンは、「すべての人が健康で生きがいを保ち安心して生涯を過ごせるような社会」でした。

「やがて日本は超高齢社会」となり、65歳以上人口が4人に1人になり、「寝たきり、認知症高齢者はその半数となる」と予測数字も示されます。

その年、税制改革大綱《たいこう》が出され、社会保障に要する費用の確保として消費税を5％にすることが発表されます。「新ゴールドプラン」もまた、消費税増税と引き替えに打ち出されたのです。社会保障と増税は常にセットで出されますが、増税分がそのまま社会保障に回るわけではないことは周知の通りです。

さまざまな高齢者政策のなかで

政府は、建前上、福祉のための税制改革をして、その実、福祉を減退させるという、いってみれば詐欺《さぎ》的な方針を打ち出してきました。けれども、私たち現場サイドでは、政府の方針をそこまで疑うことはありませんでした。国民が、新ゴールドプランの中で描かれた「利用者本位」「自立支援」「普遍主義（支援を必要とする高齢者に、あまねくサービスを提供するというスタンス）」「総合的サービスの提供」「地域主義」という言葉を響きのよいものとして受け入れたように、私たちも、「総合的サービス」「地域主義」が、これからの福祉社会の姿のイメージに合致するものと感じていました。「24時間巡回型ホームヘルプサービス」も、利用者のために必要なことと思われました。

その当時は、まだ「福祉」という言葉が前面に出ていました。

私たちホームヘルパーは、「在宅福祉の要《かなめ》」と期待され、高齢者施設では、入居者の尊厳を守るために、特養の一人当たり居住面積が拡大されたりしました。同時に、都市部の土地高騰《こうとう》対策で小規模特養の設置、地域社会資源（公立学校の余った教室の活用など）の試み、寝たきり老人ゼロ作戦、認知症高齢者対策、高齢者の社会参加、生きがい対策など、今後、避けられない課題に対し、いろいろな試みがなされていました。

マンパワーの確保についても、介護福祉士養成校の修学資金の貸与や、養成研修事業の拡大など、資格を取得したい者のためにさまざまな方策が準備され、良質な人材確保のための職場環境の整備もうたわれました。

労働条件の改善も検討され、社会福祉施設職員の勤務時間の短縮（平成9年度の労働基準法の完全実施、週40時間）、ホームヘルパー手当や活動費の改善のほか、福利厚生センター事業では、民間の社会福祉事業の従事者の健康支援、レクリエーション支援、生活支援事業の実施などが試みられました。

民間サービスの活用によるサービスの多様化、弾力化も進みました。

ケアハウス、高齢者向け公共賃貸住宅の整備、（＊）シルバーハウジング・プロジェクトなど、住宅政策と福祉政策なども目についてきました。

ユニバーサルデザイン、ボランティア活動、福祉教育、市民参加の推進、介護技術教室、高齢者住宅整備資金貸付《かしつけ》（高齢者と同居する世帯の住宅改修）など、私たちの周辺には目新しい言葉が飛び交うようになりました。

福祉用具もさまざまなものが開発され、私たちも、福祉機器展示会を、たびたび訪問して新しい製品の説明を受けたり、リフトなどを実地体験したり、その有効活用を模索《もさく》したりしました。

たとえば、高額のトイレ付ベッドというものがあったのですが、「これは」と思って使用すると、不具合も見えてきます。ベッドにトイレが埋め込まれ、電動でトイレ部分のマットのふたがスライドし、寝たまま排泄できるというものでしたが、使用すると、ふたとマットの間の隙間の皮膚がすれるのです。福祉用具というのは、実

シルバーハウジング・プロジェクト　住宅施策（ハード）と福祉施策（ソフト）を連動させた計画。高齢者などの生活特性に配慮し、バリアフリー化された公営住宅等に、生活援助員（ライフサポートアドバイザー）が派遣されて日常生活を支えるというもの。

際に使ってみないとわからなこことも痛感しました。

ベッド一つにしても課題は多いけれど、新ゴールドプランの中に出てくる理念、言葉、サービスを勉強し、「理想の介護」をめざしての学習の日々は充実したものでした。それらは、福祉社会の実現のために、私たちの気持ちとも一致していたのです。

言葉の裏に隠された矛盾

しかし、言葉だけお題目のように頭に入れても、その内容の真意を自分の頭で検討することはありませんでした。20年後の現在、介護保険法やその改定は、「新ゴールドプラン」の文言の路線といえることがわかってきました。今になって、言葉の意味を一つひとつ分解してみると、それは疑問ばかりになります。

たとえば、「利用者本位・自立支援、高齢者の意思と選択を尊重」というけれど、欧米の言葉をそのまま導入したため、日本人にあてはまらないケースが少なくありません。はっきりモノがいえる欧米人と異なり、日本の高齢者ははっきりモノをいわず、意思決定力は未成熟です。日本人の特性ともいえるし、ある面では、周囲の人に配慮する美徳といえるかもしれません。

「そうしたい」「それを選ぶ」とはっきり意思表示できなければ、「利用者本位」も「自立支援」も成り立ちにくいことは、多くのヘルパーが現場で目にしました。

「普遍主義」も、それまでの社会保障（セーフティネット）の概念と対立するものでした。「普遍」の名の下に、強い者（サービスを自由に買える者）にサービスが集中して、弱者（低所得者）がはじかれるのです。「多少の犠牲はやむを得ない」というような、社会保障の概念を根底から覆《くつがえ》す発想が隠されていました。

介護保険創設時、「松下幸之助でも受けられるホームヘルプサービス」という言葉が流布《るふ》しました。利用料を支払えば所得に関係なくサービスを受けられるということです。しかし、いつの世もお金持ちは介護にも医療にも不自由しません。社会保険として必要なのは低所得者です。保険料は支払わせられるけれど、利用料を払えず、サービスが受けられなくなるという「やらずぶったくり」状況が生まれます。しかも、低所得者層は、格差社会の中で広がりつつあります。

「総合的サービスの提供（保健・医療・福祉サービスを総合的に提供すること）」でいう「総合」には、「医療費抑制」が含まれていました。

医療と介護が別体系ではムダがある、「社会的入院」は、医療が介護を肩代わりしていることだから、介護保険をつくれば（入院患者が病院を退院でき）、医療費が削減できるという論法もありました。しかし、「社会的入院」にはさまざまに複雑な個人の事情があります。それを「社会的入院」とひとくくりにして、一つの方法だけで解決しようとするのはムリがあります。

「地域主義、市町村を中心に体制づくり」という言葉には、国の責任の後退、財源を担保しない地域ケア構想につながっていく伏線《ふくせん》があったことが、今になれば読み取れます。

個人の費用負担は措置時代より高い

財政支出される介護費用についていうと、1993年の在宅介護費用の調査では、月平均3～4万円／人でした。現在の介護保険と比較して安いのは、在宅介護が、嫁、娘を中心とする家族の無償労働が前提となっていたことと、行政からの「措置」というところで、一人ひとりにその必要性が吟味され、限定的に提供されていたからです。

介護保険制度では、この「家族の無償労働」をなくし、「介護を社会化」するという触れ込みでしたが、実際、ふたを開けてみると、「家族介護を前提としてヘルパーが部分的に関わる」という制度設計が行われていたのです。ちなみに、当時のホームヘルプの費用負担は、所得課税に応じて1時間250～860円でした。参考までに詳述すると、所得税1万円以下の家庭で1時間250円、3万円以下400円、8万円以下650円、14万円以下800円、14万円以上860円です。費用負担の「不公平性」がここから指摘されました。

しかし、現在、法改正のたびに保険料増、利用者負担増がなされ、課税世帯にとっても、措置時代のほうが介護費用は軽いものだったという実感があります。

いっぽう、当時、公的ヘルパーの常勤月額は、27万8870円のほか、活動費6610円がありました。民間に事業委託する場合の基準価格は1件6620円でした。訪問入浴サービスについては1件1万2000～1万5000円です。利用料との差額は、税金で支払われるのですが、国庫補助等もありましたから、自治体の負担は4分の1で済みました。

現在の介護保険制度で、介護利用者の層はひろがりましたが、保険料、利用料を支払わせながら、しかも十分にニーズを満たしているわけではなく、介護保険は、社会保障として機能しているのか、という疑問は消しきれません。

第二章

介護保険法の成立前夜～不安な足音

急ピッチに進む介護保険への動き

介護保険制度が政策として俎上《そじょう》に乗っていた１９９５年、私は障害者福祉課から熟年者福祉課の「さわやか相談室」に異動しました。さわやか相談室での業務は、ヘルパー派遣業務と窓口業務でした。

ヘルパー派遣業務というのは、現在のケアマネジャーとサービス提供責任者の業務に近いものです。具体的には、家事介護の直接援助・新規調査・初期訪問と個別援助計画の作成などのほか対象者の状況把握、緊急対応、関係機関との連絡調整などです。窓口業務とは、高齢者福祉に関わる相談面接やニーズの交通整理、電話対応でした。

区の高齢者・障害者ホームヘルプ業務は、29名の区介護職員と、１３１名の家政婦紹介所登録ヘルパーで担《にな》われていました。一般市民が介護に参加するという趣旨で、区主催でも、２級ホームヘルパー養成研修が実施され、私も講師を務めました。

「在宅福祉3本柱」（ヘルパー、デイサービス、ショートステイ）に、在宅介護支援センター、訪問看護ステーションが加わり、「5本柱」と称されるようになりました。

しかし、介護保険構想が練られているなか、「柱」の一つとはいえ、公務員ヘルパー、社協ヘルパーの職場にはリストラの嵐が吹き荒れ、民間委託に入れ替わりつつありました。私の職場でも、「民間委託にすることでの問題は何か」とよく話し合いがもたれていました。

行政から委託されたヘルパーも「公的ヘルパー」であるという考え方もありましたが、公務員としての社会保障はなく、公的責任はあいまいでした。東京都の労働組合の中には「家庭奉仕員部会」があり、他自治体との交流もありましたが、民間企業の登録・パートヘルパーたちとの交流はありませんでした。

私たちの在宅研究会に参加するヘルパーもほとんどが公務員ヘルパーで、その他の登録ヘルパーとの唯一の接点は、業務内容の遂行に関わることだけでした。区の登録ヘルパーたちには、社協に加入している場合で傷害保険（死亡・入院・通院）、損害責任保険（対人・対物）があるとは聞いていましたが、それさえはっきりわかりませんでした。

ある区の福祉部長が、懇親会の席上、私にこう言い放ったことは忘れられません。

「櫻井さん、あなたの給与で民間ヘルパーが何人雇えるかわかる？」

介護保険法構想のなかで、ホームヘルパーの位置づけはどうだったのか、自治体の福祉部長でさえ、「介護労働」は非専門的行為で誰にでもできるもの、簡単に入れ替え可能であると考えていたのです。介護保険制度での介護職の扱いも、この発想の延長線上に生まれました。私自身が、民間のヘルパー派遣の条件について正確に把握していなかったことも問題でした。

保障がない非常勤ヘルパー

介護保険法までホームヘルプ事業は、自治体直営もありましたが、多くは社会福祉協議会などに委託されていました。

各自治体のヘルパー委託事業について、総務省から、「保健医療・福祉に係る人材確保対策に関する行政監察《かんさつ》結果報告書１９９５年」が出されました。

それによると、「８割近くの市町村が、ホームヘルパー派遣事業を社協等に委託しており、その実数は約５万人（約84％）。そのうち正規職員は長時間ヘルパーとして活動し、非常勤ヘルパー（非正規職員）は短時間ヘルパーとして活動している。委託している市区町村とヘルパーには直接の雇用関係がないため、非常勤ヘルパーについては、労働基準法、労働安全衛生法、労働者災害補償保険法の適用を受けているはずだが調査では把握されていない。彼らの多くが健康診断も実施されず、退職金等の定めもなく、常勤ヘルパーと同じ仕事量でも昇級制度、各種手当、年金健康保険加入がない」というものでした。

このような労働実態、労働条件が、後の介護保険になっても、既成事実として引き継がれていったのです。

東京都などでは、主に家政婦紹介所に委託が行われていました。そのようななか、江戸川区でも、「区登録ヘルパー」の導入が検討されました。条件は1年更新で、区常勤ヘルパーの補完的役割として、早朝、夜間の対応を行うというものです。区職員ヘルパーには「総合型ヘルパー」として、区登録ヘルパーや家政婦紹介所のヘルパーのチームリーダーとしての役割が課されました。区に直接登録される区登録ヘルパーは時給1320円で「身体介護」を中心に行い、家政婦紹介所に属するヘルパーは、主に家事援助を担い、時給は1200円というものでした。

区登録ヘルパーは、結果的に導入されませんでしたが、このころの国の方針に合わせたように、職員ヘルパーは退職しても補充されず、介護保険法の施行以後は他課に配置転換され、自然消滅していくことになります。

「民間活用」ですべてよくなる？

国からは、ホームヘルプ事業について、次のような見解が打ち出されました。

「介護を必要としている人々に、『措置制度』と『医療制度』が別々に対応していることは非効率である。利用負担に格差がある。措置制度では、自分でサービスが選択できない。選択に基づいたサービスを一体的に提供することを可能にする民間事業所の参入が必要だ。それにより、効率的で良質なサービスの実現を図ることができ、社会的入院の是正・医療費のムダが解消される」

民間事業者の参入によって、市場原理が働き、サービスメニューが豊かになるとともに効率的なサービスが図れるというのはある意味ではその通りですが、すべてが改善されると考える根拠はありません。民間事業所は営利を出すために効率化を図るわけで、効率化によって失われるものもあります。

そのへんの議論はほとんどなされず、翌年、１９９６年には、老人保健福祉審議会から、1月と4月に立て続けに答申が出され、「国民の皆様に訴える」として、「介護保険制度」が示されました。

それから介護保険法は創設に向けて急ピッチで動きはじめます。

「介護の社会化」「利用者本位」

介護保険制度の創設は、増税と基本的に変わりませんから、国民の理解が必要です。政府は、当時、「社会保障」を拡充するという名目で２％の消費税増税をめざしましたが、国民の反発もありなかなか実行できませんでした。２％の消費税増税は、月20万円を支出する家族の場合、約４０００円です。

しかし、介護保険では、40歳以上なら保険料は当時1人で月２５００円ほどとされましたから、夫婦なら５０００円で、家族負担は２％増税以上になります。

ですから、国民を納得させるためには、大々的なキャンペーンが必要になりました。

介護保険創設に向けて、改めて次のような文言が繰り返されるようになります。それは、初めて聞く言葉ではなく、過去にも聞いたもので、繰り返しのうちに、そのまま人々の脳裏に浸透していきました。

いわく、「利用者本位で、総合的一体的サービスを実施する」「保険にすることで、社会連帯による介護費用の確保が行える」「介護問題は、福祉・保健・医療・年金などの各制度に関係している。たとえば、『社会的入院』の介護ニーズは、老人医療費でカバーしてきたがこれは不経済だ」「税でまかなう『措置制度』の仕組みの中では介護サービスは利用しにくく、質・量とも不十分であり、一般会計のしばりがある」などです。

ジャーナリストやさまざまな研究者からは、「施設・病院・保健施設・在宅のうちもっともコストがかかるのはどれか」といった試算合戦が行われるようになりました。「福祉を受ける」「措置を受ける」ことへの心理的抵抗感（スティグマ）も強調され、措置制度の不備を指摘するキャンペーンの土煙《つちけむり》の中から、介護保険法の概要があらわれてきました。

私たち現業職は、新聞報道などからそのアウトラインをつかんでいくしかありません。日々の業務の合間に、サービスの定義や、認定手続きの流れ、支給限度額、財源構造など、ダイジェストにまとめられたものを丸暗記している状況でした。

矛盾だらけのキャンペーン

介護保険キャンペーンの中心は、従来、各家庭にまかされ、ときには家庭崩壊さえ起こしてきた介護を、社会全体で行うという意味の「介護の社会化」という合い言葉でした。「いつでも、誰でも、何でも、すぐに」のキャッチフレーズが踊りました。また、行政による「措置」から、個人としての選択を可能にする「利用者本位」という言葉もよく使われました。介護保険制度の設計時の試算では、65歳以上の100人に7、8人が要介護サービスを利用するというものでした。

実は、これら「介護の社会化、利用者本位、利用率」が矛盾を含むことに当時の私はまったく気づきませんで

した

サービス利用が100人に7、8人という基本設計では、利用者がそれ以上増えれば、制度自体崩壊してしまいます。しかも、高齢社会がそれ以上に進むことははじめからわかっていたのです。

「介護の社会化」とそれに付随する「いつでも誰でも」は、家族介護が前提にありましたから、はじめから「絵に描いた餅」でした。結局、一般家庭の大幅な負担増によって行われます。

「利用者本位」は、介護サービスを役所の責任から自己責任にまかせるということを意味します。「利用者本位」は「利用者責任」となるのです。後に、「介護保険は中流富裕層には春風のようなものだった」と言われますが、単にサービスが自由に買えるというだけではなく、自分の財布と相談しながら、自分に必要なものを自分で選択することとなのです。

個々人だけではなく家族の状況、健康・経済など複雑な要素、問題を含む「介護」を、はたして民間に丸投げしてできるものなのか。当時、考えていた「民間企業」のイメージは、サービスを画一化・効率化することで利幅を稼ごうとする大企業でした。私たちにとっての懸念は、その中で目の前にある利用者がどうなるかということでした。

現金給付と現物給付

当時の費用推計は、在宅介護に1兆1000億円、施設介護に3兆2000億円、計4兆3000億円と試算されました。

従来、嫁、娘などによって行われていた「無償の家族介護」は3兆4000億円と換算されていました。しかし、この家族介護の試算のしかたの具体的な中身については示されず、介護保険は一定の家族介護の上に成り立つことが前提とされて制度設計が進みます。

当初は、介護保険制度の設計の中に、「現物給付」（サービスを提供する）と「現金給付」（現金を給付する）の2つの道が示されていました。現金給付については、「介護を女性に負わせるという構造を残すものだ」「お金だけ取って介護をしない人が出てくる」という理由でなくなり、タブー視される風潮さえ形成されました。

しかし、「介護を女性に負わせる構造を残す」という理由には何の根拠もありません。現在、夫や息子が介護するのは珍しいことではありませんし、そこに低額でも現金給付があれば介護のしがいもあります。また、妻、嫁、娘も、いろいろな事情で介護が困難であれば、現物給付で外部のプロにまかせればいいことです。

「お金だけ取って介護をしない人が出てくる」というモラルハザードについても、ドイツでは、家族介護の場合、プロの介護職から助言を受けることが義務になっていますから、対策はいろいろ可能です。

当時、介護保険によって何が保障されるのか、前提となる家族介護をどれだけに計算しているのかなど、具体的には何も示されず、保障の内容も国民には未知数でした。たぶんそれを公表したらさまざまなところから猛烈な反対があったはずです。もしかしたら、「何のための介護保険だ」という介護保険反対の大合唱が起き、成立しなかったかもしれません。

介護保険法成立、まずやってみる

旧厚生省は、介護保険を１９９７年からの開始をめどに準備していました。しかし、成立は遅れ、介護保険法案が衆議院で可決されたのは97年12月9日でした。その8日後の12月17日に公布され、２０００年4月実施ということになりました。

推進してきたさまざまな関係者には、待ちに待った瞬間でした。

「法成立まで、10数年に及ぶ水面下の作業がようやく実った。医療改革をどう進めるのかが究極の目的だ。介護保険法成立はその出発点になる」という人や「介護保険法は、国会の議場に乗って1年がかりで成立した。何度も流産しそうになり、難産のはての誕生だった。法が成立する過程でいろいろな利害関係が働き、骨格が若干ゆがんだ。専門職の出番はこれからだ」という有識者の言葉も聞かれました。

98年には、社会福祉構造改革分科会の中間報告として「社会福祉基礎構造改革について」がまとめられ、それをもとに2000年の法改正（社会福祉の増進のための社会福祉事業法等の一部を改正する等の法律）が行われ、正式に社会福祉の対象者が、生活困窮者だけではなく、福祉ニーズのあるすべての国民とされました。

社会福祉の世界に民間活力が導入され、量的拡大がはかられていきます。また、社会福祉の「質」の向上のため、社会福祉士、介護福祉士の教育の充実や、第三者評価機関を育成し、事業の透明性を確保する、そのほか権利保護のための「成年後見制度」、地域福祉の推進などが法律のなかに盛り込まれました。

障害者分野でも、「措置制度」に替えて、「支援費制度」があらわれます。行政が主体の「措置」ではなく、利用者がサービスを自ら選べるようにすることがその趣旨です。

しかし、それらの法の成立は、当時の私たちにとって遠いところで行われているもので、よく見えないものでした。身近になるのは、実際に現場におろされて自分がそこに携わることになってからです。

法成立後、各自治体では待ったなしの準備作業がはじまりました。私の職場でも、介護保険準備室が設置され、自治体として介護保険業務実施のための準備が急ピッチで進められました。

「介護保険。やってみよう。やらないうちにあれこれいうのはダメ。起こらないことへの心配をしても仕方ない。

まずやってみよう。あと2年半だ」

自治体としては、現実に対処していかなければなりません。

新たに、「第三さわやか相談室」が設置され、常勤2人体制で、介護保険に向け、申請の受付、相談業務が行われるようになります。

私も、定期的に分室に出向し、介護保険法の円滑な実施のために、与えられた業務をこなしていました。すでに、現場業務はほとんどを民間ヘルパーにまかせ、私たち公務員ヘルパーは相談業務が主体になりました。住民に向けて、介護保険とはどんなものかといったモデルケースをつくり、これまでの「9時間券」、「夜間券」といった長時間の援助内容は見直し、すべてのケースの個別援助計画を作成するなど、介護保険実施のために働きました。

しかし、介護保険法は、すぐに自分たちに直接関わるさまざまな課題を目の前に突き付けてきました。

報酬が「人単位」から「サービス単位」に

旧厚生省は、法の成立前から、すでに介護保険法施行の段取りをはじめていました。

97年には、自治体に「人件費補助方式」に代わる「事業費補助方式」の導入が通知され、自治体は、訪問形態を巡回型実施へと舵を切っていました。巡回型というのは、それまでの午前午後に1件ずつじっくり介護する滞在型と異なり、要介護者の自宅を短い時間に区切って次々に回る方式です。

介護保険制度で国、自治体ともに新しく必要になる事務作業があります。保険料の徴収、要介護度認定、ケアプラン策定、各サービスの報酬単価の決定等々です。

この中で、各サービスの報酬単価は、各事業所従事者の人件費に直結します。これまでホームヘルプ業務にか

表 2-1 事業費補助方式で通知された旧厚生省モデル

サービス種類	サービス内容
基本サービス 健康チェック 環境整備 相談援助・情報収集	 ・安否確認・顔色・全体状態・発汗・体温等チェック ・換気・室温・日当たりの調整・ベッド周りの簡単な整頓 ・介護のための情報収集・生活上の助言・情報提供・話を聞くことでの心理的支援等
全身入浴	浴槽の清掃・湯張り・使用後の清掃・衣服の着脱・浴室までの移動・入浴（浴槽内での安楽・洗髪等含む）・身体状況の確認・髪の乾燥・入浴後の必要な介護
洗濯	洗濯機による洗濯・乾燥・取り入れと収納
掃除	居室内清掃・台所清掃・ゴミだし等

この時、基準時間が今までの 3 時間から 2 時間に時間短縮されました。1 単位、60 分として、2 単位（2 時間）までの類型が示されました。

1. ホームヘルプ補助金交付を人件費補助方式から事業費補助方式に変える。
   1997 年　人件費補助方式　：常勤職員＝年額 349 万円
   　　　　　　　　　　　　　非 常 勤＝時給　【身体介護 1400 円・家事 930 円】
   　　　　　　　　　　　　　（1998 年より常勤・非常勤の区別を廃止する）
   1998 年　事業費補助方式　：身体介護 1 時間 2890 円・時間外 3610 円
   　　　　　　　　　　　　　家事援助 1 時間 1790 円　時間外 2230 円
   　　　　　　　　　　　　（移動時間 30 分を超える場合　1 時間を上限に補助）
2. 個別援助計画の作成の徹底を行うこと。

かる補助金は、「まずホームヘルパーありき」の人件費に充当される人件費補助方式でしたが、「まず介護サービスありき」の事業費補助方式に変わりました。

98年（平成10年）1月には、「ホームヘルプサービス事業実務問答集」が出されます。新しいホームヘルプサービスのあり方が解説されていました。個別援助計画の作成、巡回型と滞在型の区分、サービスの種類などのほか、時間単価が示されました。

自治体は現業から撤退していく

「事業費補助方式」では、それぞれの介助サービスを、時間ごとにいくらで算定するかが問題になります。手始めに、従来一体的に行われてきた身体介護、家事援助活動をバラバラに分割して単価を割り出し、それを人件費の基準とすることとされました。身体介護中心では、月100時間で年額349万円、家事援助では月100時間252万円の人件費補助を行うとされました。

ただし、派遣実績表で、活動月100時間を超えないと補助金対象にあたりません。私のように、窓口で相談業務を行っている時間は換算されません。また、30分以内の移動時間にも補助金がつきません。

当時、公的常勤職員がホームヘルプ事業を行っている自治体や社協では、援助内容の6割が家事援助でしたから、公務員の給料表に準じた給与を支払ったら大幅な赤字になります。そこで、どこの自治体も、常勤ヘルパーを減らし、家事援助を減らすといったやりくりをしますが、結局、介護の現業から撤退していくことになります。

民間企業がパートを増やし、不採算部門から撤退していくのと同じ構図です。介護労働が「公務労働」から「民間労働」へと変化する第一段階でした。

「ケースマネジメント」から「ケアマネジメント」に

介護サービスを「出来高払い」にするためには、サービス行為別の単価設定が必要になります。一つひとつのサービス行為を細かく分類して、難易度などを評価し、それに時間単価をつけ、必要な費用を割り出します。

そこで必要になるのが、介護サービス計画（ケアプラン）です。ケアプランは、予算に応じた「見積書」であり、時間給で報酬を支払う以上、根拠として絶対に必要なものです。

それまでの「人件費補助方式」では、家事援助、身体介護の区別はなく、生活課題全般に対する総合的な援助がなされていました。個別援助計画も、一人ひとりのクライエントのニーズを総合的に把握して、「ケースマネジメント」という視点で作られていました。

ケースマネジメントとは、個人が抱えているさまざまな課題を解決しながら、生活を支えるために、本人の持てる力を最大限活用し、尊厳を守りながら、希望・ニーズ・課題・目標に添って組み立てられることが基本とされます。

具体的には、①ニーズ（本人の希望、解決すべき課題）を把握する、②ニーズを満たすのに必要なサービス内容を決める、③確定したサービス内容を時間に積算する、④週間計画をつくる、⑤その内容を委託契約のヘルパーに示す、というものでした。

人間の「生活」ではなく、生活の一部分に特化して焦点をあてる

サービス時間については、自治体がサービスを家政婦紹介所に委託し、パート的な働き方が導入されるようになってからも、一人ひとりに3時間、6時間と長時間の見積もりがなされていました。これによって、本人の気持ちをゆっくりと聞き取り、自立への道を見守ることができていたと思います。

しかし「ケアマネジメント」は複合的なニーズを持つ人がサービスを適切に利用することで、在宅生活を維持できるように援助するものと説明されました。94年の「新たな高齢者介護福祉システムの構築をめざして」の中で、将来の介護保険制度の創設をにらんで出てきた言葉でした。

一人の人間の生活全体を「ケース」としてマネジメントするのではなく、その人に必要な「ケア行為」を査定し、そこに焦点をあててマネジメントするという発想です。いいかえれば、「生活」から切り離された「状態像」だけが対象になります。

サンプルとして、米国のナーシングホームで用いられたＭＤＳ（Minimum Date set ケアの質を評価する方式）などの手法が説明されていたのですが、現場での違和感は残った、というより理解しにくいものでした。

ケアマネジメントは効率優先

利用者をアセスメントし、援助目標を設定し、ニーズに即した過不足ないサービスを決定して、週間計画をつくるという手法、手順が、これまでとどう違うのか。

私たちは、有識者と呼ばれる学者を講師に、ケアマネジメント学習会に何度も参加しましたが、混乱は続きました。「人間全体」を対象とするケースマネジメントが、「個々のケア」を対象とするケアマネジメントに代わることは、何がどう変わるのかわかりにくかったのです。

学習会では講師たちからさまざまな見解を聞きますが、講師によってばらばらでした。

「ドイツでは、公的介護保険制度はあるが、ケアマネジメントの仕組みはない。イギリスやカナダでは、ケアマネジメントはあるが介護保険はない。つまり、『ケアマネジメント』と『介護保険』は別個のものである」

「『ケアマネジメント』の中に、介護保険制度による給付サービスがあると考えられる。目的は、財源抑制と要援護者の生活の質を高めるためで、ホームヘルパー、ナース、ドクター等すべての援助に対する総合的な個人アセスメントの上に、介護計画が立てられると考える」

「イギリスの『コミュニティケア』では、地方自治体社会サービス部が実施責任を持ち、必要なケアが提供される。ケアマネジャー（主にソーシャルワーカー）が核となって、地域住民のケアを総合的にマネジメントする。ホームヘルパーは公的機関に所属し、消費者サイドに立つ。クライエントが自分で自分のニーズを把握することができ、自分でケアマネジメントできれば、サービス消費者として効率的で賢いケアができる。そのために消費者を育てる啓蒙活動が重要だ」

理論はそれぞれに語られますが、介護保険制度の中では期待されていない「福祉」の手法が語られたり、それは別個のものだといわれたり、では、実際にどのようにケアプランを作成したらよいのか途方に暮れました。

迷う私たちの目の前に、先に示した『ホームヘルプサービス事業実務問答集』（以下『問答集』）が、旧厚生省からタイミングを計ったように示されました。

東京都はこの『問答集』で、私たちが行ってきた1回2〜3時間の派遣内容について、モデル事例に沿って洗い直しました。

すると、私たちのこれまでの援助は、「ダラダラ行われている介護」とされ、効率を優先するようにという指導が出ました。事業費方式では、1時間単位のサービス内容の事例が示されていましたが、私たちは、これまで3時間単位で計画を立てていたからです。

国の考えでは、一人の人間に対して誰がつくっても同じプランができることが大切でした。

短時間に効率よく多くのサービスを盛り込み、マニュアル化せよ、という指導です。これまでいろいろな苦心の末に実施してきたケースマネジメントが頭から否定されたようでした。

おりしも、97年下旬から98年にかけて大手金融機関の破綻《はたん》があったものの、新卒の就職状況はいったん持ち直していました。このころより、企業は「即戦力」を新卒に求める風潮が強まり、効率優先のかけ声はこれまで以上に社会全体に行われるようになりました。それらも影響していたのだと思います。

新しい言葉ICF（国際生活機能分類）

それまでのケースマネジメントの研修では、目標は、対象者に「・・・していただく」というものが多く、その評価も、「・・・されるようになった」「・・・していただいた」というものです。

たとえば、ほぼ寝たきり状態の人に、「訪問時、ギャッチベッドで体を起こす」「体を起こしている時間を長くする」「ベッドで端坐位をとれるようになる」などの目標を立て、無理のない範囲で心身に働きかけながら、意欲を喚起していくわけですが、その評価として「ベッドに座ることができた」になります。当然ながら、目的を立てて、それを達成するまでの間が長期にわたることもあります。

生きがいのある生活を、本人に自覚してもらい、本人の願っている「真のニーズ」を探り出して、必要な支援を行うというもの――それが従来のケースマネジメントの考え方であったと思います。

ケアマネジメントで推奨《すいしょう》されたのは、WHOが提唱する（＊）ICF（国際生活機能分類）の視点です。自立・参加を目標に、「本人ができること・すること・ヘルパーが行うこと」を分けて考え、分業と協働、利用者の参加をうながします。

しかし、生活全般を観察するソーシャルワークなしに、その観点の一部分だけをとりあげて、一つのケアをあてはめようとしてもICFは実践できません。たとえば、「食事の自立」を強調し、家庭環境や本人の意欲を度外視して、訓練のような介護行為を行っても、当然ながら食事は自立しません。

ＩＣＦの考え方が都合のよいように解釈され、介護保険に部分的に利用されたのだと思います。しかし、ＩＣＦを含めて、当時、さまざまな新しい概念が怒涛《どとう》のように押し寄せてくるなかで、私たちは追いついていくのが精いっぱいの状況でした。実際、短い期間に、考え方自体の変更を求められたわけですが、その変更点がわかりにくく、いつもモヤモヤとしていました。

また、どの領域でも同じであると思いますが、現場の専門職は、それぞれの時代で教育を受け、そこから物を見たり、考えたりしていますから、考え方を根本から変化させることは困難でした。

先にも述べたように、私たち自身が介護とは何かという課題を解決しきれないでいたところに、国からは表面的な介護行為だけが取り上げられ論じられる流れがありました。その変化を右往左往しながら受け入れているうちに、さまざまな問題点を見落としていたように思います。

ケアマネジャーの誕生

介護保険法の成立とともに、介護支援専門員（ケアマネジャー）という新しい資格職種が誕生しました。ヘルパーなどの実務経験者、介護福祉士、看護師など一定の資格要件をクリアした者が試験を受け、その後、実務研修を受け、各都道府県に登録することで、はじめてケアマネジャーになれます。

「公務員ヘルパーだからこそ、この資格は取得しなければならない」「乗り遅れるな」という風潮は、暗黙のう

ＩＣＦ（国際生活機能分類）　ＷＨＯ（世界保健機構）によって２００１年に採用され、健康状態を、機能的・系統的に分類する方法を指すとともに、それにそって分類することで、個人の健康上の問題点を探り、最大限の健康状態を実現しようとするアプローチ。

ちに私たちの背中を押しました。

試験突破のためには、何より法の理解が大事で、私たちは条文に疑いを持つことなく、ひたすら概要を理解しようと務めました。「法ではそうなっている」「そう規定されている」と頭に詰め込むうちに、知らず知らずに制度の推進役としての意識が刷り込まれていくようでした。

98年、第1回試験が実施され、翌年8月、実務者研修を受け、私もこの新しい資格を取得しました。それにともない、同10月、区からは「介護指導職」という辞令が発令され「ホームヘルパー」ではなくなりました。

当時、「人件費補助方式」が「事業費補助方式」に移行したばかりで、旧厚生省の意図が現場には十分に伝わっていないなかで、ケアマネジャーとして介護保険の推進役とされたわけです。

恐らく旧厚生省では、制度創設のためにさまざまな調査研究を行っていたのでしょう。これまでの制度を根本から覆す介護保険制度は、机上《きじょう》で進められ、現場とは大きなずれがありました。まず介護保険というレールに介護をむりやり乗せ、それから時間をかけてレールを修正していく、というのが介護保険のやり方であったと思います。

その中で、私は迷いに迷っていました。私の当時のメモです。

「介護保険法案は4回流産、今度は産ませてほしい、産まれる前から悪い子と決めつけないでほしい、と厚生省は言うけれど、国民に負担を押し付けていることに変わりはない。女性にとって切実な介護問題も解決されない。

現場の迷いが深い。疑問もあってこの流れに乗りきれない。公務員ヘルパーの私は、どう役割を担《にな》えばよいのか。ケアマネジャーの資格を取り、ケアプランに関わり、新しい時代の役割に加わることなのか。現場のヘルパーたちはどうなるのか。個人の生活・介護をケアプランで数量化できるのか。人権を尊重した福祉理念も危うくなるのではないか・・・」。

介護保険の欠陥は指摘されていた

99年10月に要介護認定の手続きがはじまりました。区役所にも認定ソフトが設置され、私たちも、通常業務の合間に機器操作の方法を覚えたり、認定調査の一部に関わったりと、あわただしい日々を過ごしました。

しかし、介護保険の施行直前まで、識者や実施自治体からも、「保険あって介護なし」といった疑問が投げかけられていました。実際に、人も施設も慢性的に不足していました。

福祉に先進的な取り組みをしていた東京の武蔵野市からは次のような指摘があり、私の手帳にメモされています。これらはそのまま介護保険そのものの矛盾と考えられました。

●保険証だけではサービスは受けられない。介護認定には一定の時間と手続きが必要である上に、また介護認定は、対象者の1割程度しか想定していない。
●これまでの措置制度の事務費と比較して、国全体で膨大な（2000億円）事務経費がかかる。
●利用者は、利用してはじめて、利用料負担があること、また家族介護が基本的に必要なことを知る。
●家族介護を前提にしながら、そこは報われない制度設計になっている。家族介護が報われる制度作りを。ドイツでは8割が現金給付であるが、この方が財源の節約になる。

●認知症の位置づけが介護認定基準の中で弱い。認知症に対しても正確な要介護度が測れるのか。
●実際に市民はどのくらいのサービスが受けられるか。
●市場原理というが、市場競争が行われれば、投入する財源は膨らむし、膨らまなければ市場化は失敗する。医療保険でも、医薬品メーカーなどの民間企業の市場規模が大きくなるほど、政府の医療支出が増大する。民間企業を規制すると、民間企業は参入を控え、市場は冷え込む。
●保険料は月２５００円というが、３年ごとの見直しで将来的に保険料のアップは避けられない。

それらの指摘は、介護保険の将来を見すえた的確なものでした。

しかし、多くの国民や自治体は、寄せ来る「介護不安」に心の隙を突かれ、「誰でも、いつでも、何でも、すぐに」という介護保険のキャッチフレーズに隠された「影」の部分を見落としていました。

実際、国の文書は、さまざまな文言で飾られていました。

いわく「措置から契約へ」「自己選択」「日本の福祉のパラダイム変換」「急激な高齢社会で財源を保障できない」「国民皆で負担を分かち合う」「介護の社会化」「介護はプロに任せ、家族は愛情を注ぐ役に回る。家族だけでは時間も身体も拘束され、介護を担いきれない」「安心の老後」「過酷な介護から家族の解放を！」

そこでは、福祉八法の改正の理念が、繰り返し使用されました。

「市町村の役割重視、在宅福祉の充実、民間社会福祉サービスの健全育成、福祉と保健医療の連携、福祉の担い手の養成確保、サービスの統合化、効率化を推進するための福祉情報提供体制の充実、社会福祉事業の範囲の見直し、福祉サービス供給主体、在宅福祉の充実と施設福祉の連携強化・・・」

介護保険受給者は、保護・援助の対象ではなく、社会で生活する一員として考える、「何ができないのか」ではなく、「何ができるか」を考える、介護保険サービスは普遍主義であり、福祉サービスとしても位置付けられる、ということです。

介護保険をバラ色に飾り福祉の言葉を残すことで、批判をかわし、重い負担を隠すとともに、どこかに「自己責任」「国民の覚悟」を目立たないように、差しはさんでいたように思います。

見切り発車

介護保険の「公平性」が強調されたのも、何度もお流れになった介護保険制度を何とか成立させるためのお膳立ての一つだったと思います。

つまり、「措置制度では、低所得者がホームヘルプサービスを無料で利用できるのは不公平であるというだけではなく、その利用者は必要もないのに利用している」というものです。ホームヘルプサービスの公平性をいうのに、課税所帯と非課税所帯を比べて「不公平」というのは、社会保障の意味を理解しているとは思えません。身体障害のある人と健康な人を比べて不公平だというのと同じです。これも効率優先の考え方で、現在の格差社会の背景になっている考え方だと思います。社会保障はセーフティネットですから、底に近づくほど厚くなるのが道理です。

また、「介護の社会化」というキャッチコピーが、長期的介護に苦しむ家族にとってバラ色に映ったのは無理もありません。しかし、介護保険は、家族介護が前提になっています。それに一般的に個々の介護費用（利用料）は、市場化により措置時代とは比べ物にならないほど高額になることも予測されます。子どもと親の二重介護で苦しむ家族や、親の介護で仕事を辞める介護離職に歯止めをかけられる目途《めど》もありません。介護保険制度によって「介護の社会化」が進められていくことはないのです。武蔵野市の指摘は、保険者として的《まと》を射たものでした。自治体などの指摘があったにもかかわらず、介護保険制度はそれ自身の持つ欠陥が是正されないまま２０００年４月に実施されました。

厚労省は、「3年後に見直せばいい」と強気でした。ところが、3年後の見直し、5年後の見直しは、制度そのものを現実に合わせて修正するものではなく、すでにできあがった介護保険の上に立った「調整」でした。しかも、この「見直し」という言葉は、国民には「良くなる」という期待がありますが、実際は、時の政権によって（財源縮小のために）都合よく改編できるという意味に使われるようになりました。

また民間事業者にとっては市場規模4兆円といわれ、事業者間では10兆円という試算も飛び交うなど、介護市場はまさに宝の山でした。今まで福祉とは関わりのなかった多種多様の異業種集団が、この市場に押し寄せてきました。とくに、ホームヘルプ事業は、少ない資本で開設できるので、参入しやすいというメリットもありました。

実際、訪問介護事業所は規模の大小を問わず、雨後の筍《たけのこ》のように乱立していきます。民間事業者をひとくくりにすることはできませんが、どんどん生まれるさまざまな事業者を規制することがいかに難しいかは、国もその後、認識するところになります。

「公務常勤労働」から「民間非常勤労働」に

その中で、当のヘルパーたちはどうであったでしょう。

公的ヘルパーたちには、非常勤から常勤へと勝ち取ってきた自分たちの身分が、再び非常勤へ戻ることへの不安がありました。時給で換算されるのですが、実働時間で100時間働くことはとても重労働なのです。それに、「買う福祉・売る福祉」という考え方にも抵抗がありました。

当時、「福祉」という言葉の中には、よいかどうかは別にして、世間の利益優先社会とは異なる価値観があり、いってみれば「崇高《すうこう》な理念」を武器にできる社会でした。働く人々も、多少賃金が低くても、誇りや感動がありました。それが売り買いする商品として、そっくり効率優先の市場主義の中に押し出されることは非常に不安でした。自治体のヘルパーの労働組合などでも早くから警鐘を鳴らしていました。

介護保険法では、身体介護と家事援助を分離し、さらにそれぞれの「作業」を細分化し、そのうえで最小必要限のサービスをマネジメントすることがポイントになります。サービスを細分化することで熟練度はさほど必要とされなくなり、簡単な作業にはすぐに慣れて、ケアにかける時間も短く済みます。介護は工場で行われる流れ作業のように、「行為」が行われればそれでいいという考え方です。仕事の担い手も、「非常勤・登録ヘルパーで十分」ということにつながっていきます。

「事業費補助方式」はその前段として行われたのですが、これまでの報酬体系が見直され、非常勤だけではなく、常勤ヘルパーの賃金もカットされるようになりました。たとえば、社協の正規雇用ヘルパーの報酬は350万円から290万円にダウンしました。

私たち公務員ヘルパーは、これまで通り、訪問調査、ケアプラン作成とその見直し、困難事例の現場ケアなどをしていたので、見た目の変化はあまりありませんでした。しかし、2000年からは現場ケアが区の業務からなくなることが告げられ、隣のK区では、公務員ホームヘルパーは、そのまま社協に出向するという噂も聞こえてきました。

当時、使用されていたホームヘルパー養成テキストには、まだホームヘルパーは、「ケアワーカー」であるとともに「ソーシャルワーカー」でなくてはならないと書かれていました。

つまり、ホームヘルパーは、生身の人間が労働対象であるから、介護や家事だけに目を向けてはならない、全人格を対象とした社会福祉援助である、と教えられていました。私も、その視点で、作業指示書の作成や具体的な援助を行っていました。人を介護行為の観点からだけみるのではなく、まず生活全体をみて、そのうえでケアを組み立てるという方法です。

しかし、介護保険制度では、介護行為をまず示さなければなりません。実作業をするホームヘルパーと、作業指示書を出すケアマネジャーが別になります。果たして適正な援助がなされるか、マニュアル化された援助が果たして利用者の生活にどのような影響を与えるのか、という不安は大きいものでした。

20年後の姿を米国にみる

介護保険に参入した事業所のうち、資本力のある大手介護事業所は、企業の原理である市場原理・コスト削減・効率性・業務分担を、国の施策にしたがって準備していました。

介護保険法を熟知し、労働の生産性を上げるために、介護労働の標準化を行い、業務マニュアルを整えます。いっぽう、これまで措置時代の受け皿だった家政婦紹介所などの小規模事業所は、「みなし事業所」として介護保険のサービスをはじめることになりますが、法の理解が完全になされていたとは見えず、これまでと違った膨大な事務量に戸惑っていました。

訪問介護員の養成講習はどこも超満員で、新しい仕事への関心の高さがうかがわれましたが、働く場所は屋台骨がきちんとしているとはいえなかったのです。事業所の長が、介護の意味を介護保険法の中の言葉だけで捉《とら》えていることにも懸念がありました。

　パートのヘルパーたちの中には、公務員ヘルパーに代わって独自の学習会を熱心に開催するグループも生まれ

コラム  教育は「福祉」概念のまま

　このころ行われた、東京都でのホームヘルパー向け研修の中身は、サービス提供の背後にある法が大きく変わろうとしているのに、「保険」と「福祉」の区分けがあいまいでした。

　というより従来通りの福祉の概念が中心で、研修を受けているかぎり、援助内容に大きな変化はなさそうだ、という希望的な観測が持たれるものでした。法的には、まだ措置時代です。研修カリキュラムは、その視点で作られています。

　しかし、不安や懸念が徐々に形を明確にしていきました。研修を受けながらも、私のノートには疑問だらけのメモが残されています。

「心理学的援助方法の基礎知識では、音楽療法、動作法、ドラマ法、回想法、受動的交流療法といったものが語られた。ホームヘルプの中では大切なことだが、介護保険法の中でそのようなゆとりの時間がとれるか疑問。業務自体をどう整理していくのか。『介護技術の展開』では、介護は単なる身体介護ととらえるのではなく、生活全般にわたるものとして、家事も介護と同じ姿勢で行う、と講師はいうのだが、それはもっともだが、介護保険法の下で大丈夫なのか・・・。

　『老人保健福祉の動向』では、5万件のみなしサービス事業所（介護保険事業者の指定申請、手続きをしなくても指定されたものとしてみなされる事業所）の許可についての対応が課題という。介護保険法施行初年度の事務作業も多く、介護支援専門員の研修もこれからはじまるということで、区職員には未知数の不安がある。法は、住民にとってはなおさらわかりにくく、大丈夫だろうか。

　『ケアマネジメント技術』では、『ニーズとケア』『プラン優先主義』『ケアプラン作成』に、利用者本人の意向が十分反映されないのでは?という指摘もされたが、良く見えない」。

ました。私も講師として呼ばれたことがありますが、介護福祉士の資格をめざすだけではなく、虚弱な利用者のために、地域のお店情報ガイドブックを作成したい、医師の話を聞きたいなど、次から次へと発言する姿に、「もしかしたら新しい型のホームヘルパーが誕生するかもしれない」と感じたりもしました。

介護保険という新しい巨像（虚像）を前に、それぞれのところでいろいろな思いがありました。そのようななか、国レベルでは、ヘルパーの業務内容について少しずつ、介護保険の次のステップを見据えて変更の指示がなされるようになりました。

98年10月「ヘルパーは、身体介護に伴って必要となる行為（褥瘡《じょくそう》・火傷・傷口のガーゼ交換・血圧測定・軟膏《なんこう》の塗布《とふ》等）をできるだけ幅広く行えるようにせよ」という総務庁の勧告がありました。それまでは厳しく禁じられていた「医行為」の解禁に向けた第一歩でした。それは後に厚労省から正式に通知が出ます。

そのころ私は長寿開発センター主催で、米国のナーシングホームと「メディケア（高齢者ケア制度）」「メディケイド（貧困者ケア制度）」、カナダの障害者在宅ケアの視察に参加しました。そこで驚いたのは、日本の介護保険制度は、ドイツの介護保険制度をお手本にしたと教えられてきましたが、実は米国のメディケアに酷似《こくじ》していることでした。介護サービスは、ヨーロッパなどでは、社会福祉サービスの中核に位置付けられていましたが、米国では、多種多様な機関が提供するサービスを、保険や自費で購入するシステムでした。

ナーシングホーム（高齢者施設）で、担当女性が分厚い契約書を私たちに示し、「一人のケアに、これだけの契約書類が必要です。高齢者自身が、この内容を理解することはとても困難です。私たちも、書類の作成に時間を取られすぎます」と話したのは、その後の日本のケアマネジャーの姿と重なるものでした。

そのほかにも、「超高級ホテルのような介護施設で、毎日一流レストランの食事提供を受けている老人もいれば、中流階級が介護費用で家を売り、貧困層に落ちていく現実もある。貧しい人は介護サービスを受けることはなく、自宅で家族による介護を受ける」「メディケア・メディケイドは先行きの不安がある。介護を受ける老人がこれ以上増えたらアメリカ経済は破産する。アメリカの老人は自分で要介護状態にならないように努力している」など語られる言葉一つひとつに、衝撃を受けましたが、それらが数年後には日本の現実となろうとは、思いもよりませんでした。

当時、日本では、さらに多くの民間事業者が名乗りをあげるようになりました。ヘルパーの所属機関は多様化し、あちこちでヘルパーの養成講座が開かれ、常勤の公務員ヘルパーや社協ヘルパーは削減、消滅しつつありました。

一番ケ瀬先生の提言・問題提起

国は、ケアマネジャーがケアプランをつくりさえすれば、介護過程が透明化して順調に進むはず、と思い込んでいたようです。

「やってみないとわからない」「問題があればあとで修正すればいい」という姿勢は間違っていないかもしれません。しかし、一度つくったものをあとで改変するのは、つくるよりもさらに困難で、柔軟な姿勢をもってはじめて実現できることです。人事がくるくる変わる行政の責任者に、ほんとうにそのつもりがあったでしょうか。

不備や綻《ほころ》びはすでに当初から露《あら》わで、介護保険法施行に向けてさまざまな提言も行われていました。とくに、福祉職を送り出す教育現場で活躍していた「介護者ネットワーク代表」の一番ヶ瀬《いちばんがせ》康子氏（日本女子大名誉教授、社会学者）は、99年、介護職の待遇について、54ページのような要請書を旧厚生省に公開で提出しています。

前文で、「よい介護とは、ヘルパーの幸福を保障することによってこそ実現する」として、ヘルパーの待遇の最低限度を求めています。

要請書

すべての人々が安心して生涯をゆだねられる介護システムとはすなわち「実際に介護の場で働く人々が、誇りを持って一生なし得る体制を作る」ことにほかなりません。

すなわち「介護職が、①専門職としての能力を高め求められる介護の在り方に十分応えられること。②人間らしく生き、暮らせる地域社会を作り出す担い手・コーディネーターになっていくこと。③すべての高齢者と理解し合い、力をあわせること」を可能にする介護システムが求められるものです。

目前に迫っている介護保険制度のあり方につき下記の通り要請します。

Ⅰ　ヘルパーの待遇について

1）介護報酬に占めるヘルパーの時間給は 55%を基本として、加えて、①社会保険・有給休暇を構成要素とすること。②一定の職能教育原資を構成要素とすること。③6%以上のコーディネーター（サービス提供責任者）の人件費を構成要素とすること。

2）訪問介護にかかわる労働時間単位を原則として滞在型は 2 時間、巡回型は 30 分とすること。

3）訪問介護にかかわる「移動時間」を地域の実情に即して給付の対象とすること。

4）訪問介護にかかわる「報告作成時間」を介護労働の要素として給付対象とすること。

5）訪問介護にかかわる移動のための交通費を全額支給対象とすること。

6）上記を前提として下記介護報酬を実現すること。そして滞在型・巡回型の比率は現行制度の比率を維持すること。家事援助2600円、身体介護3800円。

7）家事援助を重度化させない介護と位置付けてその専門性にふさわしい待遇を段階的に実現すること。1999 年の家事援助単価 15%切り下げは一切の専門性を否定して、法律で定めた最低賃金すら危うくするものであり直ちに改めること。

8）介護労働に伴う損害賠償の制度を検討すること。

Ⅱ　介護職員の専門教育・研修制度を公的に充実発展させること。

Ⅲ　利用者・介護者にとって優良な介護サービス事業者の育成に努めること。

一番ケ瀬教授への旧厚生省の回答

1) 介護報酬は 1999 年度の現行単価をベースに考えたい。審議会で検討される。一般管理費も考慮に入れて事業者の適切な運営の配慮をしていくことと保険料のかねあいも考えないといけない。ヘルパーの介護報酬 55%についてはこれから検討していく一つの参考にしたい。それぞれ主旨は理解する。サービス提供責任者（コーディネーター）の人件費要素も踏まえて審議会で検討課題とする。
2)（滞在型介護の）2 時間が適切かどうか。現行では 1 回あたり 1 時間程度と設定している。各市町村が運営を具体的に決める。
3)（移動時間を給付対象とすることについては）現行の訪問介護にはないが、訪問看護を参考とする。「地域の実情に応じて」は検討する必要はある。
4)（報告書作成時間を給付対象として）ケア記録作成時間として検討したい。
5)（訪問介護のための交通費を全額支給することを）検討したい。
6)（家事援助 2600 円 , 身体介護 3800 円を）一つの参考にしたい。保険料とのかね合いがある。
7)（家事援助によって、対象者の重度化を予防する介護を評価に組み込むこと、家事援助の一律 15%切り下げは、介護職員の専門性を否定することなので撤廃することに対しては答えがあいまいで）これは賃金を決めるものではない。身体介護単価を引き上げているので、時間給は事業体の運営の中で決まることである。家事援助と身体介護（の作業量）を 8：2 とは認識していない。実際の比率はわからない。現状では、家事援助でも実際は身体介護のものもある。基本的に介護保険制度の対象は身体介護である。要支援の中で家事援助も付随的に入ってくる。家事援助（要支援要介護状態でないケース）については各市町村が考える。「在宅高齢者保健福祉事業」として予算化・補助していく。98 年度 88 億円。99 年度 100 億円。この制度を介護保険以降も充実させたい。
8)（介護労働に伴う損害賠償の制度を検討することは）視野に入れたい。

Ⅱ（介護職員の専門教育・研修制度を公的に充実発展させることは、）運営基準の中で義務化する。
Ⅲ（利用者・介護者にとって優良な介護サービス事業者の育成に努めることは、）運営基準（のつくり方）による。（括弧内、アンダーライン筆者）

この内容は、本当に的を射たもので、旧厚生省がこの提言をきちんと検討していたら、またそれに即応して対策を立てていたなら、今のような介護労働の環境はまったく違ったものとなっていたと思います。

旧厚生省からの上記回答をみると、介護保険制度発足の前年であるにもかかわらず、介護職の待遇についての具体的な中身についてほとんど「検討する」と回答されているだけです。まず「保険制度ありき」で、その枠の中で、介護報酬単価などを決め、ヘルパーなど介護職の待遇は個々の事業所にまかせるものとされていました。介護基盤の整備は、事業所が存続するということであり、人材や処遇は後回しだったのです。しかも、この回答の中で、とつぜん当たり前のように、「介護保険の対象は身体介護」と明言されています。あわてて本音が出たのか、少しずつ馬脚を表していく作戦だったのでしょうか。

この回答の姿勢は、後年私たちが行った要請に対しても同じでした。法はできてしまえば、硬くそれを守ることが第一義となります。「検討する」という回答が生きることもなく、現場の担い手である介護職の処遇が考慮されずに介護保険ははじまりました。

第三章

介護保険法の17年

消えた「介護の社会化」

90年代の「失われた10年」といわれる経済不況の中で、２０００年にはじまった介護保険制度のもとでの仕事に期待が集まりました。介護は「人にやさしい仕事」であり、「これからは介護の時代」というイメージで、介護職になりたい人も急増しました。「介護ブーム」というような現象の中で、介護職向けの月刊誌や、介護のハウツー本も多数出版されました。

しかし、介護保険制度では、事業を開始する人にとって事業リスクがあり、複雑な法の網の目を潜《くぐ》り抜けた「勝ち組」と、いっぽう「負け組」も当然あり得ることでした。しかし、経営が破綻《はたん》した老人ホーム運営者の入居者やスタッフがどうなるかというフォローはありませんでした。それも「起こってみないとわからない」という「どんぶり勘定」でした。

何より介護従事者の労働条件は、事業者それぞれに丸投げされ、夢や期待を持って新しく入ってきた介護職を守る手立てはありませんでした。私は、公務員感覚で、介護職に法的な知識が少ないといっても、施設や事業者側の常識として、まさか労働基準法をまったく無視することはないだろうと漠然と思っていました。しかし、現実には、登録ヘルパーに交通費や研修手当などを支給していない民間事業所はざらでした。

「介護保険実施待ったなし」というところで、期待が幻であったことを私たちも徐々に知らされはじめました。

介護保険法施行前に、旧厚生省は次のような説明をしていました。

「介護保険法とは、要介護高齢者の生活全体を包括して支援し、家庭介護での家族負担をゼロにできるような社会民主主義的な福祉制度であり、要支援者も介護保険の対象者である」

要支援者も介護保険の対象とはっきり言っていたのです。

それが、実施時には、「自己責任」「応益負担《おうえき》」「負担能力によるサービスの格差」という新自由主義的な側面や、「介護のための保険」が強調されるようになりました。

その、最初の矢は、業務内容の限定でした。２０００年2月2日、各新聞には、「訪問介護は身体介護が基本」という文字が踊りました。家事援助の対象者は条件をしぼられ、家族同居の場合は、基本的に対象外になるということです。

当時の自民党議員は、「家族が同居している場合まで、税金・保険料で家事の面倒はおかしい」と発言しています。しかし、妻を介助する病弱な男性の場合はどうなるのでしょうか。個々の家族によってさまざまな事情があります。以後、それまでの私たちの介護保険への期待をあざ笑うかのように、何かにつけ「法」が突きつけられました。施行前は「悪いところは後になって修正すればいい」という姿勢であったのですが、はじまってしまえば「介護保険法ではこうなっている」と、条文が盾《たて》にされます。「権力」とはこういうものかとあきれもします。

発表されていた理念は、収入や家族の状況にかかわらず、必要な介護を権利として受けられる仕組みであり、介護を社会全体で支えようというものでした。しかし、実施段階になって、まるで「選挙公約」のように取り払われ、表紙が変えられ、別の顔があらわれました。

介護行為が細分化される

次に放たれた矢が、２０００年3月17日、旧厚生省から通達された「老計10号通知」（老人福祉計画課長通知）でした。

老計10号とは、ケアプラン作成のときに、訪問介護の仕事内容を見積もるために示されたもので、在宅で行われる介護行為を一つひとつ細分化したものです（表3-1）。

ここで「身体介護」が規定されてありました。身体介護とは、①利用者の身体に直接接触して行う介助サービス。②利用者の日常生活動作能力（ADL）や意欲の向上のために利用者と共に行う自立支援のためのサービス。③専門的知識・技術をもって行う利用者の日常生活上・社会生活上のためのサービス、とされました。

さらに、「サービス準備・記録等」は、あくまでも身体介護又は家事援助サービスを提供する際の付随行為であることが明記されていました。

「サービス準備・記録」とは、家事介護の前後で行う、観察、会話といったものが含まれています。介護は、行為だけではなく、相手の心身の状況を把握するための「観察」「言葉かけ」が非常に大切です。

たとえば、病人の部屋に来て、パタパタ部屋を掃除して、食事介助をして、必要なことだけを話して、さっさと部屋を出て行く光景を思い浮かべてください。それが自立支援をめざす介護とは決していえないはずです。「相談助言」という大切なことを、国の通知では「おまけ」（付随行為）と心得よ、とわざわざ指摘しているのです。

老計10号の一連の行為の記述をヘルパーたちが全員知っていたかどうか。実際にこの文書は、ファーストフード店の接客マニュアルのように、一瞬の判断で行っていること、無意識に行っている行為を羅列《られつ》してあり、何とも冗漫《じょうまん》で、機械的に見えました。

私たちの認識は、介護で重要なのは手順通りに行うことではなく、本人の状態に即して、安全に安楽に、なお個人の尊厳を守って行うことでした。当然一人ひとりの介助行為は異なります。

また、旧厚生省の担当者の頭の中にあるのは、施設で行われる介護です。それが在宅現場でそのまま通用するものではありません。たとえば、トイレ介助といっても、トイレの場所、構造はそれぞれの家で異なり、要する時間も手順も異なります。家事も同じで、6畳間を掃除するといっても、部屋の状態で時間は異なります。施設の居室なら物も少なく、

表3-1 老計10号の一部

１－０ サービス準備・記録等　サービス準備は、身体介護サービスを提供する際の事前準備等として行う行為であり、状況に応じて以下のようなサービスを行うものである。

　１－０－１ 健康チェック　利用者の安否確認、顔色・発汗・体温等の健康状態のチェック

　１－０－２ 環境整備　換気、室温・日あたりの調整、ベッドまわりの簡単な整頓等

　１－０－３ 相談援助、情報収集・提供

　１－０－４ サービス提供後の記録等

１－１ 排泄・食事介助

　１－１－１ 排泄介助

　　１－１－１－１ トイレ利用

　　○トイレまでの安全確認→声かけ・説明→トイレへの移動（見守りを含む）→脱衣→排便・排尿→後始末→着衣→利用者の清潔介助→居室への移動→ヘルパー自身の清潔動作

　　○（場合により）失禁・失敗への対応（汚れた衣服の処理、陰部・臀部の清潔介助、便器等の簡単な清掃を含む）

　　１－１－１－２ ポータブルトイレ利用

　　○安全確認→声かけ・説明→環境整備（防水シートを敷く、衝立を立てる、ポータブルトイレを適切な位置に置くなど）→ 立位をとり脱衣（失禁の確認）→ポータブルトイレへの移乗→排便・排尿→後始末→立位をとり着衣→利用者の清潔介助→元の場所に戻り、安楽な姿勢の確保→ポータブルトイレの後始末→ヘルパー自身の清潔動作

　　○（場合により）失禁・失敗への対応（汚れた衣服の処理、陰部・臀部の清潔介助）

　　１－１－１－３ おむつ交換

　　○声かけ・説明→物品準備（湯・タオル・ティッシュペーパー等）→新しいおむつの準備→脱衣（おむつを開く→尿パットをとる）→陰部・臀部洗浄（皮膚の状態などの観察、パッティング、乾燥）→おむつの装着→おむつの具合の確認→着衣→汚れたおむつの後始末→使用物品の後始末→ヘルパー自身の清潔動作

　　○（場合により）おむつから漏れて汚れたリネン等の交換

　　○（必要に応じ）水分補給

掃除機をかけるだけなら3分でもすみますが、在宅ではそうはいかないのです。

それなのに、なぜこのように標準化・規格化を求めるのか、老計10号に示された行為の記載をいぶかしみはしても、当時は「介護を知らないケアマネジャーのためかしら」と能天気に受け止め、そこにひそむ問題点を見過ごしてしまったのです。

行為の類型化――これこそが、介護保険法の目指すものそのものだったのですが、ヘルパーはもちろん事業所の経営者もきちんと認識できていなかったのではないかと思います。この老計10号が、それ

からのヘルパーを悩ます原点であったことを、知ったのはだいぶ後になってからでした。

介護保険法では、３年を一期として介護保険事業計画が策定され、保険料が設定されます。以下、３年ごとにこれまでの介護保険法の姿を振り返ってみたいと思います。

Ⅰ 素顔を見せた介護保険

介護保険第１期　２０００年から２００２年

00年（平成12年）
4月　介護保険制度施行
11月　老振第76号（厚生省老人保健福祉局振興課長通知）
（一般的に介護保険の家事援助の範囲に含まれないと考えられる事例の例示）

01年（平成13年）
4月　ホームヘルパーの労働時間についての通知（事務連絡）
10月　社会保障審議会第１回介護給付部会　03年度介護報酬改訂に向けて開かれる
介護報酬区分　身体型・複合型・家事援助を身体介護・生活援助とする法案等

02年（平成14年）
介護保険３年目の見直し、介護報酬改訂が行われる

「介護の社会化」で始まったはずだったが

2000年4月、介護保険法が施行され、第1期（00～02年）がスタートしました。
この第1期を振り返れば、現場は試行錯誤の連続でした。なにより、法律がわかりにくく、実際に関わってみてはじめて「こういうものか」と少しわかる、といった状況でした。保険料の徴収が10月からということもあり、しばらくは大方の人がまだ自分のことと実感できず、制度の推進役ともいうべきケアマネジャーのケアプランも不備なまま、不慣れな書類の整備に追われる日々でした。

そのような現場を横目に、国は3年ごとの保険料の見直しと、制度については5年をめどに必要な見直しを行うという基本姿勢に沿って、制度改正を進めていきます。それは、介護報酬単価やホームヘルパーの業務内容に直接関わるものでした。そこで、私たちは初めて介護保険の素顔と直接向き合うことになりました。

介護保険法は、利用者本位・自立支援・選択と自己決定とともに、国民に要介護状態にならないために自助努力する「努力義務」が条文に記されてあります。

「介護の社会化」は、保険料を負担することで、社会連帯で責任を負うという項目でくくられ、いつのまにか言われなくなりました。もともと、家族介護を前提にしているのですが、認定では家族状況は勘案されず、本人の心身状況のみが介護認定の際の審査対象になります。一次判定は、調査項目をコンピューターに入れてはじきだされ、二次判定では医師などがその人の「状態像」をパターン化したものにすり合わせて決定します。審査会は形だけというところもありました。

訪問介護は、先の老計10号（介護手順）で示されたように区分され、「身体介護」「家事援助」「身体・家事複合」の3類型とされました。

介護保険でいう「家事援助」（のちに「生活援助」）とされるものは、掃除、洗濯、料理といったもので、「身体介護」は、オムツ交換、清拭《せいしき》、食事介助など、身体に接して行われるものでした。「複合型」はその二つを含むもので、従来型の援助形態を踏襲《とうしゅう》していました。

介護が枝葉のように分けられたことで、ヘルパーはその枝葉の先をみながら「定められた行為」を行うことになります。家事援助なら家事、身体介護なら身体介護しかやってはいけないのです。しかし、人の生活は、簡単に線引きできず流動的です。

利用者や家族は、利用料のこと、要介護認定が医療保険と違って面倒なこと、自分の思っていた要介護度と異なること、サービスが今までと違うことなどに不満を募らせました。

ヘルパーの悲鳴

これらの苦情をもろに受けたのは、ヘルパーやケアマネジャーなど直接の従事者たちでした。とくにヘルパーには、不満を募らせる利用者からのバッシングの嵐が起こりました。態度、マナー、言葉づかいが悪い、希望通りの援助をしてくれない、時間に遅れる、サービスの質が悪い等々です。

これらの不満の中には、制度そのものに対するもの、直接目に見えるヘルパー個人に対するもの、利用者自身が介護保険に不慣れなこと、期待外れ、サービス会社へのものなどさまざま混ざり合っていました。

いっぽう従来型の介護に慣れたヘルパーたちも混乱しました。ある程度予想はできたこととはいえ、これまでとまったく勝手が異なるのです。そもそも老計10号に示された介護手順の存在を、多くのヘルパーは知りませんでした。

目の前に現れた現実に、ヘルパーの悲鳴が上がりました。

「今までは、相手の状況に合わせて細かく、いろいろやっていたのに、介護保険でサービス内容が厳しく限定された。利用者、家族（夫など）がそれを受け入れられない。放っておけずに、今まで通りの家事援助を行えば、仕事は倍加して次の仕事に遅れる。オーバー時間はボランティアで無給ということになってしまう」

「1時間のケースが多く、仕事が圧縮されて倍になり、こちらの忙しさが利用者の心に伝わってしまう。利用者の不満を肌で感じる」

「新人ヘルパーが、同行訪問指導を十分にできないまま現場に出される。利用者の情報も不十分で、そのためトラブルも多い。事業所長は、クレームがくると、申し訳ありませんと繰り返し、ヘルパーの声は聞かない。結局はヘルパーが悪いということになる」

「事業所が、儲《もう》けの確保のため、夜間深夜の高い部分に稼働時間を設定する。ヘルパーの仕事は細切《こま》れになり、仕事はきつくなっているのに、収入はダウンした。労働意欲もそがれ、先行きが不安」

「ケアマネジャーのケアプランで、内容がきちんと利用者に示されない、掃除の範囲など不明確。ケアマネジャーは、『困ったことは、ヘルパーさんに頼んでね』というけれど、それでは滞在時間がオーバーしてしまう」

介護保険初年度、フタを開けてみたら、利用者にとってもヘルパーにとっても幸せになっていないという実感がありました。

もちろん導入初期の混乱はやむを得ないものがあります。しかし、導入時に感じた矛盾をはっきりさせること、まだ制度への「慣れ」のないときの違和感は重要です。新車の運転でも、最初の違和感が車の性能を鋭くついていることがあります。そのまま運転していると、身体がそれに合わせてしまって違和感を覚えなくなり、欠陥車に乗り続けることになるのですが、介護保険の現場はまさにそのような状態でした。

方向が違う！

ヘルパーは、これまでと違って「即戦力」で、在宅ケアのノウハウを学ばないまま訪問に向かわされるようになりました。ほかの業種なら、やっているうちに慣れるということもあるのでしょうけれど、ケアの相手は、虚弱な高齢者で、しかも多くの利用者が身体状況以外にもさまざまなトラブルを抱えていました。ベテランヘルパーでも、医師・看護師と協働することが多くなると、医療的知識や対応に自信がなく、まして複数の病気を持った人や、ストーマをつけている人などの入浴介助、糖尿病や腎臓病の治療食への困惑も見られました。

しかし、問題の多くは、ヘルパー、利用者、家族、ケアマネジャーといった、それに関わる人々がイメージしていたものとのギャップから生じていました。

というのも、つい最近まで介護保険法では、「個々の家族の介護負担を減らす」と宣伝されていたのに、いざはじめてみたら、「家族が同居していたら家事援助は不可」というのですから、利用者にとっても、ヘルパーにとっても、「変だ」ということになります。「まっすぐ進むぞ」といわれて、「進め！」と指さされた方向が右だった、という感じです。

「細かいことをいうと批判されて、つぶされるから、今は、都合のいいことだけいっておこう。実行後に批判されても、それは知らぬ、存ぜぬで押し通せばいい」という政治スタイルのようです。

家族が同居していたら家事援助は不可。介護保険は、「介護の社会化」ではなかったのか

ヘルパー訪問に関する計画作成やシフト作成など、事務と現場の両方の仕事をする「サービス提供責任者」からも、それまでの仕事内容と打って変わったことから困惑の声が聞かれました。

「利用者は減ったが、利用回数が増えました。利用時間が同じ時間に集中し、その手配など事務処理にかかり切りになります。利用者と関わるのは契約書類上だけ。訪問記録を朝から900枚くらいパソコンに打ち込みます」

利用者からは、ケアマネジャーへの不満も多く聞かれました。態度やマナーはともかく、ケアプランについての説明不足が多く、「ただ、ハンコを押せといわれた」といった不満です。そのほか「サービス利用票が届かない」「計算間違いがある」「サービス利用料の請求内容がわからない」「希望を取り入れてくれない」といった苦情も多くありました。

当のケアマネジャーからは、「70人担当していますが、ケアプラン通りにいかず、実績に合わせてケアプランを変更していますが、やればやるほど矛盾が出てきます」

「家に帰ってから夜までケアプランを立てていますが、うまくいかない。会社からは、儲けを出さないとダメだ、といわれるし、燃え尽き症候群気味です」といった声が上がってきます。

混乱の中、人の生活で予測できずに起こる部分、ケアプラン記載外のさまざまな状況への対応については、現場に恣意的に任せる状況も多くみられました。

市区町村も困惑

介護保険では、要介護状態を「保険事故」として査定するというのがもともとの国のコンセプトでした。

ですから、介護給付（介護サービス）は、ケア内容を数値化し、ケアプラン（ケアマネジャーが作成）、訪問介護計画（サービス提供責任者が作成）がつくられ、必要なサービスを算定すれば、サービスの現場はスムーズに回るはず、と考えていたようです。

しかし、施行前に揶揄《やゆ》されたように、「保険あって介護なし」が現実となり、困ったときにサービスを受けられないという状況が出てきました。

サービス内容に具体的に自分の希望を反映できるというけれど、利用者には、どのようなサービスがあるかわからないし、介護度に応じてのサービス量や利用料金もわからないので、結果的にケアマネジャーに任せるしかありません。そのケアマネジャーも、どこにいるのか、どんな人なのかといった情報をつかむことも困難です。そのうえ利用してはじめて利用料の重さを実感し、サービスを減らさざるを得ないこともあります。そんな現実が次第に人々の目にも明らかになってきました。

そのような状況の中、自治体は保険者として新しい制度を消化していかなければなりません。

介護保険を新しい時代の法と位置付けたある自治体は、「介護保険制度で、市民は、人間としての尊厳と人権が守られ、地域社会の一員として重んじられる。市民は自立した生活を地域で死ぬまで営むことができる、必要な保健医療サービスおよび福祉サービスを総合的一体的に享受できる」ということを市民に示しました。

それと同時に、担当職員は、旧制度と新制度のすり合わせを行います。

今まで無料だったものが有料になることへの衝撃を和らげるため、市区町村が独自に低所得者対策の軽減措置として条例で保険料減免を設けたり、ヘルパー利用料を3年間無料とするなどの「激変緩和」対策を取りながら、国や都道府県の意向を具体化していきます。

その市区町村からも介護保険について懸念が示されはじめました。

「介護保険は、ケアプラン・給付管理一つひとつに問題がある。サービスが動くと金も動く。サービスを充実させようとすれば、1号被保険者（40歳以上）の負担が増える。保険者が、『横出し上出し』（サービスの拡張、補助金の増額）を行うことは天に唾することになる」

　介護保険は、自治体を金縛《かなしば》り状態にして、身動きがとれなくさせます。しかし、不備な法といえども、保険者として「財源確保」は至上命題となります。当時、国民健康保険料の滞納世帯は全国で320万世帯といわれました。介護保険料徴収も、その二の舞を踏むわけにはいかないというこ

コラム　寝たきりにならなければ使えないの？

介護保険制度について、バラ色のイメージがふりまかれていたころ、私の故郷の町では寝たきりの人に紙おむつの支給が検討されていました。町内便りでそれを見た78歳になる農婦が、町の担当者にポツリと言いました。

「私はね、寝たきりになって紙おむつをもらってもしかたね（しかたない）。1日10人の人に会いなさい、そうすればぼけない、だから家の中にいないで、と言われたこと、良く覚えている。でも、年とって失禁もあるべ。臭《くさ》いからと出ることにも躊躇《ちゅうちょ》するね。今、歩けるうちに紙パンツをもらえれば、気がねなく外にも出ていける。紙パンツ、私らにはムリなんかね」。

紙オムツじゃなくて紙パンツをほしいという、素朴な農婦の言葉は、「自立支援」のありかたをみごとについていていました。

　町の担当者は、「上出しサービス横出しサービスで対応できないことはないけれど・・・」と言葉を濁しました。しかし、そうすれば町民の保険料負担が増えてしまう。もともと介護保険の制度設計には、「自立支援」を訴えながら、その実は「寝たきり」のような重度の人のためのものという前提がありました。この矛盾を、具体的な場面で、高齢の農婦に突かれてしまったのです。

「中福祉中負担」という施策は、介護保険の基本姿勢ですが、ここにこそ、介護保険の混迷の芽があったのかもしれません。「中福祉中負担」とは、国によっていかようにも解釈できます。幅が広すぎるのです。「高福祉高負担」なら、国民が納得できるものを提供しなければなりませんが、「中福祉中負担」といえば、国民に納得されやすいうえに、お手盛りで何でもできます。何の哲学も、方針もないのです。だからどんどん保険料が上がり続け、利用料にも手をつけた結果、介護保険は「高負担低福祉」になりつつあります。

とで、年金から天引きすることにします。

「年金が月1万円の人からも保険料を徴収するのはあまりに酷《ひど》いのではないか」と、法施行前、当時の大臣が嘆息したと伝えられますが、はじまってしまえば機械的に処理されます。その後、保険料は、税と違って静かに確実に値上げされ、多くの人々の生活を圧迫していきます。

切り離されていくヘルパー

従来の「措置」と違って、市場化されることで、自治体の手の及ばないところで情勢が動いていきます。行政は介護保険の認定までで、その後は民間事業者にバトンを渡します。

先述のように、4兆円とも、10兆円ともいわれる市場に、さまざまな異業種が続々参入し、市場化の波は猛スピードで進みました。ビジネスといっても「儲け主義」ばかりとはかぎりません。しかし、必然的に、迅速性・効率性・機能性が求められます。また介護保険ではケアプランに示された行為が絶対です。「人間相手だから、ここは迷うところだ」というファジーな部分は極力そぎ落とさざるを得ません。

でも、現場は机上の考えでは回らないことも事実です。現実には、形だけのケアプランも横行していました。利用者の経済負担を考えて、「(ほんとうは身体介護が混じるけど) 家事援助でやってね」というケアマネジャーもいました。衣食住を整える「家事援助」(のちに「生活援助」「生活支援サービス」へと変更) は、生活を支える基盤であり、「ホームヘルプの本質」と確信していた現場のヘルパーは、国の方針がどうあろうと、目の前の利用者がより重篤《じゅうとく》な状況にならないことを優先します。

明らかに違法ですが、利用者の経済負担が頭に浮かぶヘルパーは、それを暗黙のうちに受け入れます。介護保険法のしばりの中で、いかに自分たちのポリシーを守れるか、ヘルパーたちにとって、法律と現実の狭間《はざま》で切実な思いがありました。しかし、その思いは両刃《もろは》の剣のようにヘルパーに帰ってきました。「自分勝手に仕事をする介護保険法を理解していないヘルパーたち」という評価であり、そのうえにある自らの労働過重です。

制度設計を理詰めで考えている人々にとっては、このようなケアマネジャーやヘルパーは相手にしたくない存在であり、事業者にとってはありがたい存在だったに違いありません。

多くのヘルパーは、所属する事業所の利益や法をにらみ合わせながら仕事をするようになりました。法で作業内容が限定されていても、目の前の要求に対して、やる・やらないかは、ヘルパーの判断にまかされる部分が大きかったのです。

それでも、さまざまな不具合が起こります。「希望することをやってくれない」という利用者。「ケアプランがおかしい」というヘルパー。「ケアプラン通りにやってくれない」というケアマネジャー。問題が起こると、それは「誰が悪いのか」というお互いの非難となり、利用者、ヘルパー、ケアマネジャーが利害対立して切り離されていくことになります。

その中で、肝心の事業者は表面に出てきません。苦情が寄せられたら、ヘルパーを交代させることで済まされます。本来、事業運営にあたっての責任はその事業所が取るものですが、たいていは「個々のヘルパーの質」で片づけられ、すべてのツケは現場のヘルパーに押し付けられました。

「不適正事例」の通達

そのような中、00年11月16日、旧厚生省老健福祉局からまたまたヘルパーを悩ます通知が出ました。第三の矢です。

介護保険の家事援助の範囲に含まれないと考えられる事例――「不適正事例」の通知です。家事援助の「適切な範囲」の周知徹底を行うというもので、ケアプランには家事援助が必要な理由を記載し、「適切な範囲」を超えないようにという指導がなされました。

当初、介護保険の利用は家事援助に集中していました。しかし、利用者が介護保険の家事援助を理解していないことから、さまざまな要求が出されました。このままでは、「介護保険が家事保険になってしまう」という危機感もあり、利用者に「家事の範囲」を理解してもらい、家政婦代わりに介護保険を使うことに歯止めをかける必要があったのです。

「税金、保険料で、個人的な家事の面倒を見るのはおかしい」という主張も、介護に直面していない人々にはある意味で納得しやすいものです。現実に、家政婦をやとっていた人が、介護保険でヘルパー利用に切り替えることがあり、その利用者意識に戸惑ったヘルパーもいました。

しかし、多くの利用者はその援助がなければ、人としての最低限の生活が営めない人々でした。それを知っていたヘルパーは、この通知を、家事援助を否定する切り口と受けとめました。

措置時代は、人々の「最低限の生活」を保障するために、「身体介護」の前段にある「家事援助」はホームヘルパーの大切な仕事と考えられていました。家族がいても、その家族がいろいろな問題を抱えていて、家事援助は、生活環境が整っていない人には必要不可欠な援助でした。

それが、国の財源問題と社会保障削減の動きの中、もともとの介護保険の目的（後に明らかにされたように、病院から患者を在宅に戻し、在宅での介護を介護職に担わせる）に沿わないものとして、「家事援助」がやり玉に挙げられたのです。「社会的入院」を減らして「在宅患者」を増やしたい国にとって、家事援助は、迷惑な「お荷物」なのです。

国は、民間事業者の利益を確保する意味もあって、身体介護報酬を家事援助の2・6倍以上に設定しました。「家事援助は、女性が誰でもやっていることだから低くて当然」であり、家事援助の意味を「風船」のように軽くすることによって、将来的に介護保険から外す意図があったと思います。

国は介護保険が開始されるとすぐに、3年目の見直しにむけて準備をはじめていました。「不適正事例」を通知すると同時に、「身体型・複合型・家事援助」の三類型を、「身体介護・生活援助」の二類型とする介護報酬類型の変更を提示しました。「複合型」のようなファジーな面を残しておくと、家事援助の切り捨てが難しくなるという読みがあったと思います。まず外堀を埋めたわけです。同時に家事援助に「不適正事例」という細かい規制をかけてきました。

「介護保険では、これもダメ、あれもダメ」というもので、家事援助のもともとの意味がすり替えられてしまいました。

家事援助を行う中で、多くの人々が生きる気力を取り戻して行った姿を見てきたヘルパーたちは、自分たちの仕事の根幹を否定する国の動きに呆然としました。

国の法改定作業は、遠い所で行われていることでしたが、家事援助を切り捨てる動きには小さくとも声を出さなければならない。そんな思いがヘルパーたちを突き動かしました。

法の問題なのか、事業者の問題なのか

「このままでは在宅介護が守れなくなる」という危機感から、ヘルパーたちは、01年2月、ヘルパー自身の声を発信する場として、ホームヘルパー全国集会を開催しました。実行委員は、在宅ケア研究会などで学習を重ね

てきた仲間たちで、手づくりの集会でした。

「ひとりぼっちのヘルパーをなくそう」「家事援助の大切さを訴える」というテーマで、マスコミにも働きかけました。声かけ人の一人である私は、どれだけの人が来るかはまったくわからず、ドキドキしていました。ところが、当日、驚くことに次から次へとヘルパーたちがやってきて、東京都しごとセンター講堂には数百人の人であふれました。

それは、「家事援助」のテーマへの関心の高さ、同時に介護保険法の下で変化する働き方に対しての深刻さをあらわしていたと思います。

私は、実行委員長として壇上に立ちましたが、集会運営に追われ、じっくりと集会内容を聞くこともできませんでした。しかし、断片的に聞こえてくる声は、ヘルパーの援助の本質についての言及や、家事を含めた自立支援をはかることで重度化を予防してきたという誇りや、また、現場を見ずに、机上で介護保険づくりを進める国への異議の数々で、会場は熱気にあふれていました。

この集会はテレビにも取り上げられ、記者会見も行いました。まったく無名のホームヘルパーたちがマスコミに姿をあらわしたのです。それは現場が声を出せば、国は耳を傾けてくれるのではないかという思いだけでの行動でした。しかし、国にしてみれば、介護保険は、下準備を含めて10年以上も温めてきた構想です。すでに厚い壁を塗り固めていました。私たちは、その背後にあるさまざまな法の集積、理詰めで組み立ててきた論理を認識できていなかったことも事実です。

集会後、私たちは、1月の中央省庁の再編により、厚生省と労働省を統合して誕生した厚生労働省老健局に出向きました。その時、ある事務官が私に言った言葉は、それを示唆していたのですが、そのことさえ気づきませんでした。

「櫻井さん、あなたの言う現在の現場のいろいろな不具合について、介護保険法が問題と思うのか、事業者が問題と思うのか、どちらですか」

この質問は、法の作成に関わった者として、介護保険システムそのものの欠陥を自ら示しているものだった、と後になって気づきます。

「事業者」に問題があるとしたら、それは法そのものに問題はなく、事業運営が問題であり、法を守らない事業者の取り締まりを強化すればいい。しかし、法のシステムそのものが問題だとしたら、もっと違う視点で物をみていかなければなりません。けれども、私はそれに即答することができませんでした。私自身に根本的な問題が認識されていなかったのです。

ヘルパーは「お人よし」

このことは、同じ老健局の別の事務官から、別の言葉でも示唆されました。

「厚労省の担当者は、『ヘルパーは、お人よしのオバサンの集まり』としか見ていないよ」

ヘルパーは、一人ひとりの生活に寄り添い、日常生活を全体的に支えることが仕事と思っていますから、目の前の利用者の事情に配慮すると、自分を犠牲にすることも少なくありません。それが人のよさとみなされることは確かにあったと思います。

集会を開いた私たちの行動も、何とか自分たちの目の前にある人を救いたい一心からでした。しかし、法律をつくる立場の人は違う発想をします。法律とは、現場の人間の生活をある意味で無視して、線引きしてつくられるものです。しかも、法は、定められれば、それ自身が独り歩きしていきます。先の目的のために、目の前の

「些末《さまつ》なこと」は、切り捨てられてもやむなしということにもなります。

また、一番ケ瀬先生の貴重な提言はおざなりにされ、「個々の家庭で行われる家事援助は個別性が高く介護保険になじまないので、外《はず》すべき」という主張や、措置制度から保険制度への思想的転換を果たした池田省三氏の理論を軸に進められていく強固な路線がありました。

介護保険法にはいろいろな決まりがあります。介護保険法、政令（介護保険法施行令）、省令（介護保険法施行規則、運営基準）、厚労省告示、解釈通知・・・現場に直接関係するものは、運営基準、解釈通知（『介護保険Q＆A』）などですが、その内容は複雑です。言葉もとても日本語とは思えないものです。その中で私たちのような現場人間が、法にもの申していくことはとても困難なことです。それでも、やむにやまれぬ思いにかられて私たちは行動していました。

3年目の見直しに着手

介護保険がはじまっても新聞紙上には介護殺人、介護心中の記事が絶えません。7月19日、8月19日、9月3日、11月19日と毎月のように起こっていました。その背後には、新聞記事にならない、また死に至らないにしても、介護に苦しんでいる人の数は膨大でした。

しかし、国は「介護保険、順調な滑り出し」と大宣伝を行い、同時に家事援助を介護保険から外すための布石を着々と打ち出していました。

介護保険3年目の見直しに向けて、厚労省から出された項目は次のようなものでした。

①要介護認定の一次判定システムの改善（認知症の症状を反映できない致命的な欠陥に対応する）。

②訪問介護報酬体系の見直し（在宅重視、自立支援の理念にそぐわない現状を生み出している。身体介護・生活支援の２体系とする）。
③新型特養ホテルコストの徴収（建築費等を従来は公費で助成していたが、その財源を入所者の負担に求める。在宅に近い住まい方として個室・（＊）ユニット化を行い、利用者の満足を図る。従来型はそのまま）。
④その他、介護支援専門員（ケアマネジャー）の報酬見直し、グループホーム報酬見直し、保険料見直し、特養入所順位の是正、介護タクシーの創設、など。

実は、介護保険法施行１年目の利用状況は、予想の７割にとどまっていました。市場原理の下では、サービス利用がなければ事業者の利益は確保されませんから、介護保険サービスの利用促進のキャンペーンが自治体でなされました。

それは後の「給付の蛇口を締める」ための「給付の適正化」とまったく逆で、蛇口を開けて給付を増やさなければ事業者の利益を確保できない、という介護保険の構造そのものが理由でした。

家事援助の利用申し込みが多いことも、事業者の収益予想を下回る結果となりました。事業者としては、生活援助より身体介護でヘルパーたちが働いてくれた方が、収益があがります。家事援助を介護保険から外したい国の方針は、事業者にとっては、ある意味で好都合なことでしたが、いっぽう、身体介護が、どのくらい需要があるかは未知数でした。家事援助の仕事がなくなればやはり収益は落ちます。

ユニット化　老人ホームなどの入居施設は、従来、多床室が基本でしたが、個室化するにともない、いくつかの個室をグループ化（ユニット化）し、入居者同士の交流をうながす設計方法。

予想より利用実績を上げられなかった事業所では、利益確保のための、人件費削減としての労働条件の切り下げ、事業所の閉鎖や人事異動が行われました。

具体的には、特養の介護職から併設デイケアの顧客確保のための営業への異動、通勤手当、扶養手当、住宅手当の減額、そして整理解雇などでした。私の元にも、サービス提供責任者の業務から特養職員への異動を強制的に指示されたなどの相談がありました。特養職員は夜勤もあり、仕事形態が異なりますから、家庭の事情によっては退職やむなしということになります。

3年目の見直しによる、新型特養のホテルコスト徴収は、後には、従来型特養にも波及していくことになります。事業者にとっては経営の効率化、ヘルパーにとっては労働環境悪化の始まりでした。

介護保険法の施行で、多数の新規事業者が介護保険サービスに参入してきましたが、監視システムはなく、今まで自治体が把握できていたもの、見えていた現場が見えにくくなりました。誰がどのような介護を提供しているのかにも、労働条件にも関与できません。事業所は、利益を生むための経営安定が第一義です。介護職の就業実態は、常勤（1日6時間以上、週5日以上勤務）、それ以外の非常勤、パート、登録、派遣とさまざまなものがありました。

99年の労働基準法の改定で、派遣労働の対象業務が一部を除いて原則自由化され、介護労働もその対象となりました。派遣労働では、介護職は、人材派遣会社と雇用契約を結び、給与の支払いを受けながら、施設など派遣先の事業者の指示を受けて働くことになります。

その中で、「登録ヘルパー」の状況は、少し異なっていました。時給という働いた時間のみの収入ですが、措置時代からある働き方で、ヘルパー業界の通念となっていたことから、それほどの違和感を生じなかったのです。非常勤・登録ヘルパーたちのほとんどが「労働法」を知らず、「労働者」という意識も希薄という事実は事業者には好都合なことでした。

ヘルパーのメンタルヘルスの危機

しかし、サービスの現場では、雇用形態はどうであれ、利用者からは、「利用料を支払っているのだからちゃんとやって」「掃除機は板目にそってかけろ」「おかずの品数は3品以上」といった細かい要求や苦情が寄せられます。それは、予想以上のことで、ヘルパーのストレスは大きくなるばかりでした。

措置時代には、目標志向型の介護で、その方法を工夫していたヘルパーが、介護保険下では、指示されたことを指示された時間通りに行うことが求められます。利用者の主体性に働きかけ、自分から何かをしてもらうには時間が足りないだけではなく、そのこと自体が利用者からのクレームになるのです。

たとえば、自分でできるところをしてもらおうとすると、「あのヘルパーはこんなことまで私にやらせる」といわれるのです。「どうしたらもっと環境や身体状況がよくなるだろう。自立をはかれるだろう」と考えるヘルパーが、利用者から攻撃を受ける立場になりました。さらに、感染症の情報がなく、肝炎に感染した、などの業務上疾病が多発するなど、労働条件の悪化が追い打ちをかけました。

賃金が低いだけではなく、キャンセルに対する休業保障もありません。労災がないのに、介護事故の責任はとらされる。利用者のセクハラ、事業者のパワハラも頻発しました。

労働条件改善の課題が介護現場には山積みになっていました。働き続けることの困難な職場、妊産婦にはもちろんムリで、介護職のメンタルヘルスは危機状況に陥り、離職も常態化しました。

ヘルパーは労働者・・・なのに

介護保険がはじまって半年後、２０００年11月に、医療保険審議会は、経営実態の結果をまとめました。ここではじめて訪問介護員の賃金支払いの中に、移動、ケア会議、記録などの時間が含まれていないことがわかりました。大半の事業者がヘルパーの利用者宅での「稼働時間」しか賃金の対象としていなかったのです。

国としても見過ごすことはできず、厚労省より、01年4月、事務連絡として次のような通知が出されました。

ホームヘルパーの労働時間には以下の時間が含まれます。雇用保険の適用に係る所定労働時間の算定にあたってはこの点についてご留意下さい。
①移動時間については利用者宅間の移動を使用者が命じ、当該時間の自由利用が労働者に保障されていないと認められる場合には労働時間に該当します。
②業務報告書を作成する時間については業務上義務付けられている場合には労働時間に該当します。

ホームヘルパーは労働者である。労働契約が結ばれて労働が開始される。労働条件通知書には、「労働時間」について説明されていなければならない。労働時間とは、労働者が労働するために、使用者の指揮監督のもとにある時間であるから、移動時間、待機時間、打ち合わせ時間も「労働時間」であり、賃金支払いの対象になる。パートタイマーにも年休がある。

でも、労働基準法を背景にした、それらの通知があること自体、多くのヘルパーは知りませんでした。通知が出された後も、ホームヘルパーたちのほとんどが、実作業時間のみの報酬でした。事業所の募集広告に「移動時間、キャンセル時の賃金保障あり」とされていても、実際は、労働条件通知書は交付されず、労働契約自体結ばれていないか、通知が不十分、あるいは、あっても口頭のみという状況でした。あいまいな日本的雇用の典型で、労働基準法違反が常態化していました。

当時、ヘルパーがいかに軽く扱われていたか。

ある学習会で、これから事業展開しようとしている男性は、「ヘルパーの代わりなんていくらでもいるよ」と言い放ちました。

もちろん私は強く抗議しましたが、「辞めるヘルパーがいても、すぐに補充できる」が当時の事業者の本音、読みだったのでしょう。実際、介護保険施行前後の数年間、「訪問介護員養成講習」はかなりの盛況で、資格所持者は増え続けていたのです。

ヘルパーのやさしさが利用される

劣悪な労働条件は無視されながら、「ホスピタリテイがあってこその介護」「愛と情熱」など福祉的な理念が掲げられます。つまり、ケアサービスには、心がそなわっていなければならないということです。多くのヘルパーがヘルパーになる動機は、よくいわれるように、「人の役に立つ仕事がしたい」というものです。

利用者にとっての「良いヘルパー」は、仕事をきちんとこなし思いやりを持って接してくれる人であり、時間を守り、身なりは清潔で、こちらの要求を正しく理解し、相手の立場に立って、いちいち言わなくても手助けを決定できる人、疲れていても利用者に対するときは笑顔でいられる人、知識・技術・論理に優れている人です。

国からは、総合的に「人間」を見て、健康維持や日常生活の質の向上、自立的な生活を支援するといった、対個々人援助の専門性も要求されます。

国は「家事の不適正事例」のサンプルを出し、法律上の線引きを、国民にもわかるように示しましたが、個々のヘルパーには、そのしばりを見せつけ、別の言葉で法の順守を強調しました。

「通知された『老計10号』をどうして活用しないのか。これを良く読めば、あなたたちの主張する家事援助は、『ともにする行為』で、ほとんどが身体介護となる。訪問介護は自立支援のために行われるサービスと位置付けている。『目標志向型』である。どうして、そのように訪問介護計画を作成、実行しないのか。個別援助目標を明確にすることが、それぞれの専門性を高めるのだ」

しかし、介護保険では「ケアプラン」が第一です。そこに、家事援助と記されれば、それに従わなければなりません。また、介護保険では「少ない時間でムダなく、より多く利益を上げられること」が重要な命題になります。仕事の中身は定型化、マニュアル化され、効率的で単純な仕事に分解され、ヘルパーの一人ひとりの判断に託される部分は極力排除されます。その中では、専門性も主張できません。

事業所によっては、利益確保のため、パートのみで正規職員は雇わないところも出てきました。その結果、収入も時間も不安定な登録ヘルパーが、それらさまざまな問題の矢面《やおもて》に立たされることになったのです。

ところが、それからの法改定の議論は、「介護報酬単価」をいくらに設定するかにしぼられていきます。さらに、この報酬単価の上げ下げに、介護職の賃金が都合よく利用されることになります。

国民に向かっては、「介護職は低賃金だから、介護報酬を上げます。そのためには保険料、利用料も上げざるを得ませんから、ご理解をお願いします」といいます。いっぽう、介護職に向かっては、「介護職は低賃金だが、この報酬を上げると、保険料、利用料を上げざるを得なくなるので、低賃金にとどめざるを得ない。ご理解を願います」と迫ってくるという具合にです。

実際、やさしいヘルパーは、「利用者負担を考えるとね、自分が我慢してしまう」となってしまいます。

複合型の報酬単価の廃止

01年10月には、3年後の介護報酬改訂に向けて、「社会保障審議会第1回介護給付部会」が開かれました。焦点は訪問介護の報酬単価です。

「現在の報酬体系では訪問介護員の賃金アップは厳しい」というのが大方の見方でした。そのような中で、「複合型」の廃止が出されました。これは、後の「機能別・行為別」介護の前段といえるものでした。

そのとき、全国市町村会からは心強い提言がされました。

「家事援助と身体介護を分離することはできない。訪問介護の一本化と報酬単価を見直すべき」というものでした。市町村という現場に近いところにいて、措置時代の働き方も見ていたので、家事援助が身体介護を支えていることが理解されたのだと思います。

しかし、審議会関係者は、「家事援助を自由価格にして、市場メカニズムを利用」という主張を繰り返すだけです。家事援助が安いのは、市場でそれだけの価値だからだ、というのです。

そのころになって、介護保険のねらいが、「福祉の規制緩和・福祉の産業化」であり、その煙幕《えんまく》として「自立支援」が使われているのでは、と思うようになりました。「自立支援」は介護保険の「看板」といえる理念ですが、それならば、自立支援に向けて、戦略的、戦術的な仕掛けが必要になります。市町村会の提言は理に適《かな》っています。

しかし、国の主張は、「家事援助は、要介護者の残存機能を奪う可能性があり、すべての援助は、『目標志向アプローチ』でなければならない」というだけです。目標志向アプローチは先に述べたICFから提唱されましたが、ＩＣＦは、先述のように、一人ひとりの身体、環境、疾病などを総合的に把握することから出発するのです。家事援助と身体介護を2つに分けて「目標志向アプローチ」を行うことは、よく考えればおかしなものでした。しかし、ＩＣＦについても、私自身、どれだけ理解できているか自信がなく、当時、明確に反論することはできなかったのです。

家事援助は「些末《さまつ》」な労働

介護報酬類型を生活援助・身体介護の2類型にするとともに、国はさらに家事援助を間引きするための伏線を張ってきます。

「家事行為の一つひとつからヘルパーの専門性の判断はできない」

「炊事、掃除、洗濯など身近な家事行為は、利用者や家族にも質の評価が容易であるから、自由価格で構わない。友人、ボランティアにも行える。不適切事例のような些末《さまつ》な事柄に国家が介入するべきでない。現状のあらゆる問題点の解決を介護保険に求めると、保険財政が破たんしてしまう」

そこには、家事は誰でも行える「些末」な事柄であり、社会で「戦士」として活躍する男性と、「些末な事柄」で家を守る主婦（女性）、という日本社会にある根底的な思想もありました。家事もそうですが、子育ても、親の介護も、決して些末なことではありません。家事は長期的に人の生活をなりたたせ、人の心を育てる文化でもあります。

「家事蔑視」の認識は「女性蔑視」につながるものですが、その後も根深く存在します。それを行うヘルパーの社会的な地位評価を願う要求は、そんな社会風潮に歯向っていくものでした。だからこそ、ヘルパーへの風当たりも強かったのかもしれません。

また、先述の通り、介護保険初年度（00年度）の訪問介護の利用は予想の約7割でした。その6割が家事援助を利用し、軽度の人が主流でした。

医療費削減という国のもくろみからすれば、軽度者や家事援助が主流では「あて外《はず》れ」です。

さらに、介護保険法をつくる段階で、介護福祉への民間資本の誘導が大原則で、そのためには、介護保険の枠外サービス（自費サービス）の増加が期待されていました。家事援助には民間企業を活用し、介護保険は身体介護に徹するという棲み分けも計算にあったようです。

これらもろもろの思惑《おもわく》のなかで、訪問介護報酬を「生活援助」「身体介護」の2類型としていきました。

報告書作成は仕事に入らない

介護保険での事務作業は膨大《ぼうだい》なものですが、報酬単価には反映されません。報酬単価は、あくまでも「ヘルパーの実働時間」だけで設定されています。

疑問に思った私は、厚労省事務官に「介護報酬単価の内訳の根拠、事務費など間接経費の割合はどうなっているのか、教えてください」と尋ねました。

それに対しての回答は驚くべきものでした。

「間接経費は、訪問介護報酬の中に薄く広く入っている」

これは会社の営業マンが、外で営業している時間だけがサラリーに反映され、その他の時間は「サービス残業」（無報酬）とされるのと同じです。

あれ、広く薄く延ばしすぎたかな

介護の実作業をあれほど細かく仕分けして報酬を決定したのに、事務経費はあっさり「広く薄く」というだけです。別の厚労省関係者による「事業費補助方式の単価から好い加減に算出した数字」という言葉にも驚かされました。

事業費補助方式時代とはまったく違う、運営基準の中に定められた多量の書類の整備、事務仕事を、財政上の都合ですっかり無視することにしたのです。そのときは、さすがに「役人の考え方はこうか」というのが私の率直な感想でした。

3割負担となったら社会保障とはいえない

02年4月、スペインで「国連高齢者問題世界会議」が開かれ、私もNGO団体の人に誘われて参加しました。日本だけではなく、人類は高齢時代に突入し、２０５０年には、人口97億人のうち60歳以上が20億人になると予測され、高齢者問題は世界の共通テーマになっていました。

この会議には、日本からも代表が出席し、介護保険法の「成功」がアピールされました。しかし、介護保険ははじまったが、「介護殺人」「介護心中」「介護離職」は後を絶たない。問題は山積みの中で、私は、そのアピールを会場の隅で聞きながら納得できないものを感じていました。

介護殺人は、この年も、ほとんど毎月のように報道されていました。たとえば、10月には、母（85歳）と息子（59歳）

の無理心中、11月には妻（79歳）が夫（81歳）を殺害といった痛ましいもので、加害者も被害者も、精一杯生きてきた人たちでした。

当時の小泉内閣は、国民に痛みを強要する政策を次から次へと提示しました。医療保険の負担も増し、閣僚のなかには「医療保険の本人負担が3割となったら社会保障とはいえない」と懸念《けねん》を示す人もいましたが、時代は急速な変化を見せていました。

そのような中、先に記したように介護保険3年目の見直し案が正式に提示されました。

国の意向は、医療財政増加を食い止めるために、社会的入院の解消、「在宅看取り」の増加、病院病床の減少、病診連携の促進などでした。さらに、要介護認定一次判定の見直しを行うこととされました。

介護にグローバル化の波も

介護のビジネス化が進み、トレンディ、目新しさをアピールする介護施設が出現するなど、介護業界は玉石混交《ぎょくせきこんこう》の状態を呈します。コムスンはそのような中で急成長しました。厚労省からモデル事業として引き合いに出され、業務拡大路線をひた走っていました。

介護の「グローバル化」という言葉も飛び交いました。グローバリゼーション（一つの国にとどまらない物、人の流れ）には一見、介護には縁が薄そうですが、ビジネス社会には国境がありません。「外国人は安くてよく働くからこれからのトレンドではないか」といった声も聞かれました。ケア労働は、女性、単純労働という視点が根本にありますから、マニュアル化し、作業手順書があれば、外国人でも大丈夫と考えたのでしょうか。

「作業手順書」は、「訪問介護計画書」として多くの事業所で作成されるようになりました。これまでの福祉世界とは異なり、ビジネスが入り込むことで、そこにはさまざまな発想が流入してきました。

マニュアルには、「顧客の満足度」、「イノベーション（技術革新）」「ミニマムサービス（必要最低限のサービス）」の発想などの文言が躍り出ました。「ミニマムサービス」には、分業の担い手として、最低限の質の保障をどう組み入れるかも頭の使いどころになります。ちょっと聞いただけでは意味不明な横文字や言葉が並び、その背後に国の意向が見え隠れしていました。

「自立支援」は嫌われる

現場は相変わらずヘルパーに厳しいものでした。机上《きじょう》でできあがった介護保険の矛盾を、末端のヘルパーたちが尻ぬぐいしているような状態でした。

ヘルパーたちが、介護保険法の理念にもある「自立支援」を実践しようとすると、利用者に嫌われるという実態もあります。

「利用者」としては、「お金を払っているのだから、いわれた通りにしてちょうだい」という意識もあり、ヘルパーの自立支援のアプローチと対立することがあります。利用者に、介護保険の自立支援の意味が周知されていないのです。なかには「介護報酬単価」の数千円がそのままヘルパーの「時給」となると勘違いして、「高給取りでしょ」と過剰なサービスを強要する利用者もいます。

「ボランティアは気高《けだか》く、職業としてのケアワーカーは卑《いや》しい」という利用者意識も、ヘルパーの心を打ち砕きます。いっぽうで、利用者の負担をなるべく低く抑えようとして、決められた以上の仕事をしてしまうヘルパーに対して、「官制の家政婦か」という批判が出てきます。

「利用者のＱＯＬの向上は、ヘルパーのＱＯＬの低下で成り立つ」といった自嘲《じちょう》的なジョークを聞くこともありました。このままではホームヘルパーが消滅してしまう。とくに非正規ヘルパーの状況が厳しいことから、私たちは、専門職として社会的認知を求めて、集会などで発言を繰り返しました。

ヘルパーの専門性とは?

国は、「要介護者とはこんなものだ」と要介護者像を決めつけて政策をつくりますが、利用者一人ひとりは、それぞれに生きてきた人生と生活を背負っています。同様に、ヘルパーの業務を行為で分けましたが、それは人の生活の時間軸を無視することになります。ホームヘルプ業務には、そのときそのときの状況を把握する「面」としての視点と、その人の生活を長期的に把握する時間軸の視点が必要です。

「介護」の中での、掃除、洗濯といった「家事」は、単なる「作業」ではなく、対象者と会話し、観察して、心身状態、環境全体から真のニーズを探り、必要な手段を提供するための「入り口」「機会」です。それによって長期的にその人の自立的な生活を支えることができます。

たとえば、ある「寝たきりの人」が歩行困難である理由は、もしかしたら栄養不足が大きな原因かもしれません。その場合、話をしながら少しずつ食欲を高めていって栄養をつけてもらい、ベッド上での動きを増やし、できればオムツからポータブルトイレに変え、ベッドからの離床時間を増やしていきます。

介護には、「これが絶対」ということはありません。「自立支援」を実践しようとすれば、人によって方法が変わります。医学でも、「この病気の人には、どんな症状の人にもこの薬を処方しなさい」といわれたら、とても危険なことになります。患者も納得しませんし、病気も悪化させるかもしれません。しかし、介護においては、人の生活も援助形態も一定の型に当てはめて、法がつくられていきます。

ヘルパーの専門性は、「家事や介護の技術」とイコールではなく、本質は「人権」「生活文化の拡大」であり、現代の社会において「豊かな文化」の創造の担い手の視点をいかに持つかということです。基本的な技術の質は一定水準で確保し、そのうえでコミュニケーション力など問題解決のエキスパート領域を拡大していくことが大切です。これらが共通認識となり、ヘルパーの力を発揮できるようにすることこそが、介護保険を生かす道だと思います。

「豊かな国」の社会保障というなら、その社会保障を担う介護職が、専門職として働けること、生計をしっかり維持できるようにするべきでしょう。常勤者の生活保障、パートの身分保障を整備し、若い人に魅力のある職業とすることで、長くこの職業に留まりたいと思ってもらうことです。介護職を公的責任で確保するためには、それらはとても重要なことです。

介護保険の合言葉は、「住み慣れた地域で、尊厳を持って、その人らしく、暮らし続けられることを支援する」ですが、それは介護職自身にもいえることなのです。支援の担い手が幸せでなければ相手を幸せにすることはできません。

しかし、国のスタンスは、保険制度そのものをどうやって守るかに徹しているように見え、私たちの主張はほとんど無視されました。報酬単価についても国はヘルパーではなく、事業者支援を中心にすえていました。

第一期の三年間は、同じ言葉が使われても、私たちと国とではまったく異なった意味を持っていたのです。ともあれ、介護保険法開始3年間を乗り切ったことは、国にとっては大きな成果でした。

Ⅱ 介護給付適正化と軽度者外し

介護保険第2期　2003年から2005年

03年（平成15年）　4月　第1回介護報酬改定・運営基準の見直しなど実施される
介護保険給付適正化推進運動始まる

04年（平成16年）　8月　厚生労働省労働基準局から「訪問介護労働者の法定労働条件の確保」通達

05年（平成17年）　6月　改正介護保険法成立（平成18年施行）
7月　医師法第17条、歯科医師法第17条及び保健師助産師看護師法第13条の解釈について通知が出される
ヘルパーの軽微な医行為（原則医行為とはくくれないもの）の提示がなされる

「新予防給付」の法制化

介護保険第2期は、国にとって新しい制度の基盤確立の準備期といえるものでした。

03年の介護報酬改定の実施とともに、介護保険事業者が制度を理解していないということから、運営基準の見直しや、介護保険給付適正化推進運動の大号令が下されました。一方、「持続可能な制度の維持」「給付の効率化・

重点化」という言葉のもとに、第1期に検討されてきた新予防給付、ホテルコスト負担、施設入所の軽度者除外、地域包括支援センター創設などを盛り込んだ法改正（平成17年度）が図られました。

介護職の離職が相次ぎ、雇用は創出されたが雇用条件・雇用契約などの問題が改めて明らかになりました。

介護の本質を現場感覚で探る

訪問介護の家事援助（生活支援サービス）は、相変わらずやり玉に挙げられ、攻撃にさらされていました。その中で、現場では、ヘルパーたちが措置時代の精神を介護保険の中で折り合いをつけ、生かせないか模索していました。

私は、ある訪問介護事業所での学習会に招かれ、次のような介護目標を示され、感心したことがあります。

- 自分たちの行ってきた介護実践を客観的に評価し、介護実践を経時的にみることで自分たちの判断の根拠を明らかにする。
- 利用者の生きてきた人生から培《つちか》われてきた価値観を知ることで、関わり方を常に再考する。
- 病気や薬について学ぶことで知識をより深める。
- 問題点、援助目標、対策、評価をきちんと表にまとめる。
- 入浴介助など一つひとつの行為が、単なる身体援助ではなく、生きることの意味につながるようにする。
- 介護実践の積み重ねから介護技術や理念を深めヘルパーの専門性を明確にする。

また、あるヘルパーは、自分が出会った事例について次のように述べました。

草むしりや、家族の家事分も依頼されたので、家族に理解を求め、結果的には是正されたのですが、そのとき思ったそうです。

「今回依頼された草むしりは厚労省によって禁止された『不適正事例』になるのですが、庭の草むしりを援助に該当する行為かどうかの根拠を明示できるのはヘルパー自身だと思います。草むしり行為をどのように位置づけるか、ヘルパーが働きかける『人』への視点によって決まります。本人が生きる意欲を取り戻すための、自立支援への道筋の援助であれば、それはとても重要なことだと思います」

家事援助の不適正事例通知は、ヘルパーたちの現場を暗雲《あんうん》のように覆《おお》っています。そのなかでの発言です。草むしりが「不適正」かどうかを判断できるのは、その人の生活をよく知っているヘルパーだけ、というのは真理ではないでしょうか。それは、現場感覚と、法の線引きが、いかに異なっているかを表していました。

家事行為を「ソーシャルワーク」の一手段として活用してきた措置時代の「視点」は、効率が要求される介護保険では生かされず、削《けず》り落とされました。しかし、個人の尊厳を根底においた生活ニーズの充足という、最も重要な部分をどう守っていくか努力しているヘルパーたちは、その事業所だけではなくまだ多くいました。ヘルパーたちは、自分たちの仕事の内容、業務を、どのように整理し、世に示すべきかを考え、現場感覚を頼りにその方法を模索《もさく》していました。

けれども、それこそが国の撲滅《ぼくめつ》したいことで、以後も、そこを狙って国の攻撃は続きます。

介護報酬アップ、賃金はそのまま

第1回の介護報酬改定が行われました。

介護保険制度は、3年が1サイクルとされ、保険料も3年ごとに設定されます。保険料は、2000年の2911円から、3293円と約13%アップしました。介護報酬については、全体で2・3%減でしたが、訪問介護報酬については他に比して低いという訴えの成果か、多少アップされました。

現場のヘルパーには、介護報酬がアップしたことから、自分たちの賃金が上がるのではないかと期待した人も少なくなかったと思います。しかし、実際はほとんど変化ありませんでした。介護報酬は上がったけれど、自分たちの賃金には反映されない。それが介護保険システムの中での現実でした。

岡山のある事業者の状況です。

「身体介護・生活援助とも短時間組み合わせのケアプランで事業者は収益増となった。稼働時間の多いヘルパーに、『多時間労働手当』など新設した。60時間以上働くヘルパーは賃金アップ、少ない者は減収となった。有給と労災補償のため、登録ヘルパーの時給を下げた。事業所への登録期間が長いからといって良いヘルパーとは限らないため、登録年数で賃金アップすることは廃止した」

この事業所では、介護報酬のアップ分を、新手当や労災などの補償に回したのですが、多くの事業所ではヘルパーの賃金に回ることはなかったようです。

あるヘルパー集会では次のような発言がありました。

「訪問介護の介護報酬が上がったというが、お金はどこに回っているのか」

「賃金アップを主張すると、『アップは利用者負担に跳ね返るよ』と言われた。利用者の顔を思い浮かべたら黙るしかない」

学習会などでいろいろな情報収集が活発に行われ、調査などから賃金の事業所格差、報酬単価と保険料、利用料の関係など制度の仕組みも見えはじめていました。しかし、多くは、「いろいろ情報は断片的に入ってくるがそれを結び付けて捉えられない」というジレンマに戸惑っている状態でした。介護報酬論議も、遠いところのようでした。

国の言い分

介護職の低賃金や離職という状況は世の中にも明らかになっていました。私たちは、その現状や訪問介護報酬について訴えるために、直接、厚労省に赴《おもむ》き話を聞くこともしました。

担当者は次のような見解を示しました。

「報酬単価を現行水準より大幅に上げることはできない。介護報酬アップを保険料に連動させたくない。今回の改訂では、現在黒字の施設分を、在宅に配分した。介護保険サービス量が、措置時代の2・5倍になったのは保険料を取ったからできたこと。月17万円負担できる人が増えていくことが見込まれる。市場原理を使いながらやっていくが、零細の中小事業所が多いということも、市場原理で利益を得るためには不都合である。大手事業所が中心になることで市場の安定がはかれる。ヘルパーはまず介護保険法や市場原理を理解することが必要である」

「まず、介護保険法を理解することが必要」、それは確かなことでした。しかし、介護保険法は、複雑な仕組みを持っている上に、3年ごとに変化していくのですから、容易なことではありません。

国は、また、次のようなことを繰り返します。

「家事援助の『不適正事例』を紹介したが、家事援助にはさまざまなモラルハザード（倫理欠除）がある。介護保険の給付として適正な家事援助をしていくことが必要。運営基準のなかの訪問介護計画書がきちんとつくられていない。ケアマネジャーは、それぞれの元の資格職種の知識と経験から、自己流の判断基準でケアプランをつくっている。利用者の『できない』ところを補完するのではなく、『できる』ところに着目するプラス思考でケアプランをつくるべきである。そのためのキーワードが『自立支援』だ。ケアマネジャーは3年たっても専門職としての姿が見えない・・・」

国が望むケアマネジャーは、医療知識のある看護師などで、介護職出身が大半を占める現状は苦々《にがにが》しいものであったようです。この年のケアマネジャー実務研修では盛んにＩＣＦが講義されました。「できないことを手助けする」のではなく、「できるところに着目してその能力を伸ばす」というところだけが取り出されて「新しい福祉的思考」への転換が強調されていました。それは、「自立支援」の基本的考え方とされていきます。

予防給付・介護給付の二階建て

介護保険2期目、世の中はいまだにデフレ状態で、モノ、サービスの値段は下がっても、消費が落ちる経済危機に陥っていました。

「供給過剰だから価格が下がる」という理論で、弱い企業はマーケットから出て行ってもらうという「敗者の退場」、「勝ち組・負け組」という言葉が流行しました。

小泉内閣はさらに「聖域なき構造改革」を訴えて、「改革と展望」の閣議決定を行い、「社会福祉基礎構造」の

要介護１くらいの「虚弱高齢者」は筋トレを行うことに

改革をはじめました。「高齢者の介護保険と、障害者の支援費制度を統合する」という案も浮上しました。04年7月には、介護保険制度の見直しとして、「制度の持続可能性」を至上命題として、膨大《ぼうだい》な法改定原案が示されました。

私たちも、「持続可能」「財源確保」「量から質に」などといった言葉にあおられるような気持ちになったのを記憶しています。

介護保険では、国の意に反して、軽度者の利用が大幅に増加しました。そこで国は、「予防重視」型へ転換するとします。要介護状態を改善するとともに、軽度者（要支援1、2、要介護1）を対象に「新予防給付」の創設を打ち出しました。

軽度者について、本人の自立支援に資するように改善することが目的とされました。軽度者の特徴は、腰痛など筋骨格系の疾患を原因とする廃用症候群で、早期から予防とリハビリテーションを行うことで生活機能の改善が可能であるから、改善に向け、本人の意欲を高めることが重要とされたのです。

これまで私たちは「家事援助」と「身体介護」の分離を問題にしてきました。しかし、ここで、「要支援」と「要介護」を分離するということは、「要支援＝家事援助中心」「要介護＝身体介助中心」というふうに、制度を二階

廃用症候群　特定の病気のせいではなく、身体を動かさないことで、脳や筋肉組織などが萎縮して、身体の機能が低下すること。「廃用性の寝たきり」などともいう。

表3-2 第2期（03〜05）に打ち出された方針

- 訪問介護の家事代行型は自立支援の観点から見直し、家事援助を外す。
- 介護保険では、行為別・機能別に再編成し、身体介護・リハ・医行為を中心にする。
- 介護保険の訪問介護とは、介護サービスを利用して「自立」を図っていくものである。
- 介護職員の任用資格は、将来は介護福祉士にする。
- 「地域密着型サービス」を創設し、市町村事業を見直し事業を一本化し、将来的に新予防給付を見直す。
- 「要支援」と「要介護１」の対象者を、「要支援１・２」とする。
- 廃用性モデルを対象として筋力トレーニング・低栄養改善を進める。

建てにすることになります。介護保険の創設時は、「要支援者も介護保険の対象」として説明されていたことからみても、大きな方針転換です。

けれども、ふつうに考えても、一人の人間を「要支援」と「要介護」にきっちり分けることはできません。たとえば、歩行状態も不安定になり、家の外に出るときには介助が必要だけれど、なんとか家の中ではトイレに行ける人は「要支援」でしょうか、「要介護」でしょうか。

そこで行われる家事支援では、要支援の場合は「一緒（とも）に家事を行う」ことですが、要介護になったら、即「家事代行」になるのでしょうか。少なくともケアプラン上はそうなりますが、高齢者の状態は、ちょっとしたことで悪化したり、回復したりして大きく変化します。それを本人の意欲や意識の問題にするのは、「介護を知らない」というより「人を知らない」としかいいようがありません。

家事援助は廃用症候群を引き起こす？

「介護の社会化」に変わって、「自立支援」という言葉が急浮上するようになると、国は、表3-2のような方針を打ち出します。

同時に、国は、ホームヘルパーが、「かわいそうだから」と、「してあげる家事援助」は廃用症候群を引き起すと強調するようになります。

しかし、「家事援助不適正事例」などで、家事援助要件を細かく規定したのは厚労省です。ヘルパーは「かわいそう」だからという理由で仕事はできません。この論調は、「東京介護保険を育《はぐく》む会」（東京都保健福祉局に設置され、利用者、事業者、行政などが、介護保険について話し合うという趣旨の会）で公表されたものにもあります（表3-3）。

物事は角度が違えば様相も違って見えるものですが、その主張はあまりに一方的です。そもそも在宅での断片的なサービスが廃用症候群をつくることは不可能です。考えてみてください。ヘルパーが週2日1時間、料理や掃除をすることで、手足が動かなくなる人がいるのでしょうか。

コラム  「聖域なき構造改革」と介護保険

小泉構造改革では、「聖域なき構造改革」が唱えられ、さまざまな政策がとられました。新自由主義、小さな政府論がその基本にあります。01年に出された骨太方針第一弾では、郵政民営化が打ち出され、以後、毎年、歳入改革（三位一体改革で地方補助金を4兆円削減し、一定割合を税源移譲する、介護保険料・年金保険料を上げる）、歳出改革（公立学校の管理・運営の民間委託等公共事業カット）、金融改革（不良債権の一掃）、規制改革（混合診療の拡大、酒・薬がコンビニで買える）などを掲げました。

社会保障制度改革では、介護保険制度の実施、医療保険制度改革、社会的入院の解消、新老人医療制度の実施などが行われました。製造業へ派遣労働を解禁するなど、派遣労働者が爆発的に増加し、「偽装請負」が社会問題化しました。

これを引き継いだ安倍政権は、骨太方針を堅持すると表明、07年の骨太方針第七弾で、戦後レジームからの脱却、新たな国家イメージ（「美しい国」）の提示、道州制の実現、教育再生会議、社会保険庁解体などを掲げていきます。

この後、一時、民主党政権になりますが、再び政権を取り戻すと、強権政治とも言うべき政策を実行していきます。介護保険法改定もその中で行われます。

表3-3 東京介護保険を育む会意見

- 訪問介護の需要が圧倒的に多いという特性の背景には、利用者側に、認定を受ければ何かをしてもらおうという気持ちがある。
- ヘルパーは家族の希望で働いている。
- ショートステイは定期的利用者優先で緊急時に必要な人が使えない。
- 人々には、制度の半分が税金という自覚がない。
- お世話をしてもらうという体質がある。
- 家事を安易に依頼する。怠けて自立できなくなる。
- ケアマネジャーも質が悪い。介護職出身が大半。本音として大した集団ではない。
- ケアマネジャーは、ケアプランの中に、介護保険外の（自費）サービスを組み込もうとしない。
- ヘルパーは自立支援ではなく、できないところを補うという視点のみ。
- 介護福祉士から受験したケアマネジャーはケアマネジメントの何たるか知らない。
- ヘルパーが、2時間あっちに行って掃除して、こっちにいって料理し・・・の繰り返しは不経済だから、ケア付き住宅が経済的。
- 介護保険は社会保障の一部。なんでもかんでも介護保険で賄えるものではない。
- パワーリハ（トレーニングマシンで筋力アップ）で、要介護1までは全員自立できる。それで数十億の節約となる。
- ホテルコスト（食べる・寝る・住むの経費）は自己負担が当たり前。配食サービスを介護保険のメニューに入れたら財政が膨大になるからやらない。あくまで自己負担でやるべき。

家事援助を外したいために、ケアマネジャーやヘルパーにいいがかりをつけているとしか思えません。「育む会」のパワーリハで全員自立につってはこれを発言した方は永遠に老化せずパワーリハで生き続けるのか、と怒りより先に、これが有識者の発言なのかと、ため息が出てしまいました。

介護保険は、消費税導入と交換で実施された社会保障ですが、小泉改革の路線の中で、介護の「市場化」が露骨にあらわれはじめ、社会保障の意味を消し去っていきました。その論調を主導したのが、「育む会」のような意見でした。さらに、「悪質事業者を排除する」ために、介護保険の「給付適正化」推進運動が展開されましたが、これがヘルパーの援助内容そのものを直撃しました。

事業所の指定取り消しも

「介護給付適正化」では、ヘルパーの援助一つひとつにメスが入れられるようになりました。「通院介助の規制」「散歩介助は不可」など、今まで行っていた介護範囲がどんどん縮小されていきます。それらを行うと「不正請求」になり、事業所の指定取り消しが現実のものになりました。しかも、それらは利用者や家族が一番望んでいるサービスでした。通院介助での見直しは、病院の待ち時間が「ムダ」との見方からだったのでしょう。

厚労省からは膨大な『介護保険Q＆A』が出されました。

「通院介助時の対応は往復の移動介助のみ身体介護で算定する。病院内での介助は原則病院スタッフで対応されるべきもの。病院スタッフの対応が困難な場合、必要な理由が明記されれば可。その場合、『歩行困難』という理由だけでは不可。診察室への移動は病院対応であるので認められない。診察待ち時間は計上しない。入退院は家族・ボランティア地域サービスで行う」

これは、ホームヘルパーによる通院介助を受けていた利用者にとっては途方にくれるものでした。病院内での移動を病院スタッフに対応してもらうなどまず望めません。長い待ち時間が援助時間として計上されないことは、結局ヘルパーのボランティアか、利用者の自費負担になります。

散歩介助ができないのも問題です。散歩というのは虚弱な高齢者にとって非常に重要です。リハビリだけではなく、気分転換、脳刺激にもなり、ＱＯＬの向上には欠かせません。介護予防というなら、引きこもりがちの人にとって生活意欲を引き出すきっかけになります。引きこもりから、うつ病、さらに認知症を発症することがありますが、うつ病の予防や療養で、外気、外光に触れることがいかに有効かはそれこそエビデンス（数値的根拠）もあります。廃用症候群を防止したいなら、まず散歩を推奨するべきでしょう。少なくとも散歩が、ＡＤＬの向上に有効な虚弱高齢者は少なくありません。

これらについては、自治体によっても温度差がありました。昨日まで行っていたことを、今日から急に不可にはできないという事情もあります。

T市では、散歩について「自立支援の見守り介助ならば『身体介護』で可」、F市では、「散歩がリハビリになるという理由ならば、訪問リハビリで対応するべきであるから不可」、S市では、「ケアプランに明確な理由が記載されていることを条件に可」など見解がバラバラです。

介護とリハビリは別の行為というのが厚労省の介護理論のようです。F市の「散歩は、訪問リハビリで行うべき」というのは、F市なりの法解釈ですが、リハビリ療法士はPT（理学療法士）にしてもOT（作業療法士）にしても、散歩の「付き添い」を業務としません。散歩でPTやOTが付き添っていたら、介護費用はますます膨《ふく》らみます。

これらの自治体による解釈の違い――「ローカル・ルール」も現場を混乱させるものでした。

医行為解禁、資格問題で揺れるヘルパー

さらに、ヘルパーによる医行為の解禁も混乱に拍車をかけました。

02年、厚労省は、「介護保険法の中の業務に医行為は位置づけていない。状況に応じた判断は自治体担当者が行う」としました。

それがALS患者に限り、それまで看護師にしか許されなかった痰の吸引・排出という医行為が解禁となったのです。これについて、ある弁護士は「事故が生じた場合、刑事責任を問われる可能性は低いが賠償責任は問われる」とし、ある保険会社は、「ヘルパーによる事故で、違法行為によって生じたものは損害賠償責任保険の対象外」といいます。痰の吸引はいのちに関わることもあり、看護師を呼ぶ時間があるわけではなく、その場にヘルパーしかいなければ手をくださざるを得ない状況で、やむを得ず行ってきた経緯もあります。場合によっては、「違法」

になり、賠償責任保険で、ヘルパーを守れないことも起こりうるのです。

介護保険法では、訪問介護従事者の資格として介護福祉士、1級・2級・3級ホームヘルパー養成研修修了者を定めました。法施行後、「ヘルパーの質が悪い」ということがたびたび取りざたされました。当時、客観的に見て資質について個々に差があることは事実でした。

厚労省は教育システムを変えればそれで是正されると考えたのでしょうか。

04年、厚労省は「将来的には介護福祉士を基礎資格とする」としました。介護福祉士の資格取得ルートの一つである「実務経験3年」については、11年3月31日までとし、介護福祉士受験の要件として基礎研修終了を義務化し、07年から基礎研修（500時間70日間、平均費用40万円）をはじめることを発表しました。

当然、現場の大半を占める2級修了ヘルパーからは、「2級ヘルパーのままでは仕事ができなくなるのか」という不安が寄せられました。しかし、働きながらの研修はなかなか困難です。費用の面でも、求職者へは給付金がありますが、現職ヘルパーへの費用支援はありません。何らの支援もなく義務化するというのは現実的なものとは思われません。

この資格制度の迷走はそれからも長く続きます。介護福祉士法の改正により、カリキュラムが変更されました。従来の介護の定義（入浴・排泄・食事の介護）を、「心身の状況に応じた介護」に変更したためです。

後年にはキャリア段位制（賃金アップの道筋）、実務者研修（介護職の医行為解禁のため）などが盛り込まれていきます。

しかし、国の思惑《おもわく》とは裏腹に、目に見える質の向上、人材確保はできませんでした。根本に、介護職の状況が改善されないこと、介護業務の魅力が介護保険法改正の中で消されていったからです。実際に現場を支えているのは、2級ヘルパーたちでした。そのヘルパーの意欲を低下させる動きはますます加速していきました。

意欲への働きかけを数値化？

生活援助（家事援助）を否定する動きの中で、私は、生活援助を通じて利用者の自立と自己実現を図ろうとしていたヘルパーたちと一緒に、再び国の真意を聞くため厚労省に赴《おもむ》きました。

新予防給付、不適正事例、医行為、労働条件、ヘルパーの業務内容などについてのヘルパーの発言やアンケート調査資料、質問事項を示しましたが、私たちの質問に対して担当者はよどみなく答えました。

「介護を機能別、行為別に設定するのは、介護報酬を決めるうえで不可欠である。行為ごとにパッケージ化したい。具体的な議論はこれからで、平成18年（06年）４月に実施通知が出される。国は、サービスを削減しなさい、とは言っていない。本質に立ち返って見直すというものである。軽度の状態像については介護度だけで判断していない。サービスについては保険外（自費）との組み合せも必要だ」

「新予防給付について、利用者の身体的に『できない』を補《おぎな》う家事代行サービスではなく、『できる』行為を増やし、その結果、『している状態』を実現する自立支援を目指す。廃用症候群の防止に着目したもので、軽度の人についての自立と悪化予防を目指す」

「家事援助で自立を阻害するような実例があることから、不適切なサービス、ケアマネジメントの適正化を図る。利用者への上質のケアを目標として、訪問介護での介護予防は、自立支援のプログラムを実施する。ホームヘルパーの雇用形態が非常勤ということについて、すぐにはできないが改善の方向を考えている・・・」

このころ、臨床医学の世界から影響され「エビデンス」（科学的な根拠）という言葉が盛んに使われるようになります。ヘルパーにも、援助が必要な「科学的な根拠」を出せ、といわれ、国への要求も、明確な根拠を示す数字や調査結果がなければ相手にしてもらえません。「家事」は人間が生きる基礎であり、自立意欲を支えるもの、と主張しても「情緒的」といって片づけられます。

私たちの質問に、返ってくる言葉はすでに公表されていることや財源論からだけのものでした。家事援助の単価の低さを指摘すると、「介護報酬のアップは利用者負担に降りかかるのですよ」という岩盤のような信念がはっきり返されるだけです。

いつの間にか制度がある

「自立支援」は私たちも目指すところですが、厚労省とはその方法がまったく違うのです。

私たちこそ、「家事代行により、利用者の状態が悪化する」「廃用症候群で利用者が家事不能に陥る」というエビデンスを示してほしいと思いました。

また、私たちが主張する「サービス提供責任者がつくる『訪問介護計画』に対しても介護報酬を設定してほしい」という要求には、ほかの答えのような、よどみない返答はありませんでした。厚労省の方法も独断的でエビデンスがないのです。

国だけではなく、事業所側も、「ヘルパーの賃金をあげたら事業所はやっていけない」と主張しますが、本音は、「ヘルパーの代替えなんていくらでもいる」という意識だと思います。

社会保障を切り崩して民間に手渡すことを意味する「規制緩和」は一見リベラルに響きますが、規制緩和に秘められる残酷さを、その後、多くの日本人が十分に味わうとともに、格差社会の温床になっていったと思います。

また、介護現場の混乱の一つには、ヘルパーが法律によって縦割りにされていることもありました。介護保険法、支援費制度、精神障害者、難病者に関するものなど、管轄する法律の違いで賃金も異なり、業務姿勢も違い、意見調整や団結が難しいのです。

その隙《すき》をつくように、「医行為をヘルパーに」という議論が出てきます。国は意図的なのか、管轄がバラバラなためか、情報を小出しにして、さまざまな制度をつくって、いつの間にか既成事実にしてしまいます。

現場の反対や懸念の声を無視したまま法改定はなされていきました。フィリピンとの「ＦＴＡ交渉で、介護職１００名程度の受け入れ」なども現場感覚無視の国のペースでなされていきました。

「8・27通知」が出されるが・・・

市場原理主義は、ヘルパーの労働条件を悪化させました。

ヘルパーが、年間２４０万円の生活費を得るために何時間働かなければならないか。利用者を増やすために、サービスの安売りもあり、労働に見合わない安い賃金や不払い労働を強いられ、介護保険法施行後、離職が恒常的となります。「○○さんは昨日やめました。今日から○○さんが代わります」という流動的な状態では、自立支援はおろかサービスの質が確保できません。

この事態は国としてもさすがに見逃すことができず、04年8月、労働基準局から、「訪問介護労働者の法定労働時間の確保について」がパンフレットのかたちで通達されました。「8・27通達」と呼ばれるものです。

内容は、訪問介護員を10人以上抱える事業所に、法定労働基準を適正に運用することを呼びかけるものです。労働条件を労働者に明示し、労働時間を把握するとともに、ヘルパーの移動時間、業務報告作成時間、待機時間、研修時間を労働時間として算定すること、また休業手当、賃金の算定基準、年次有給休暇、就業規則の作成（短時間労働者も含まれる）、時間外・深夜割り増し手当、最低賃金以上の支払いを行うこと、賃金台帳を作成し、

3年間保存することなどが盛り込まれています。

これらを就業規則として書面にし、従業員に周知せよと述べられています。しかし、このパンフレットも事業所宛でした。労働組合は「8・27通達を遵守せよ」と訴えましたが、一般の登録ヘルパーは、「一匹狼」のような働き方をしており、労働基本法があってもそれを知ることなく、8・27通知も知らず、自分を守るすべを知りませんでした。

賃金が不当に低いことに異を唱えても、国は、「労使間の問題」と一蹴します。経営者は、「報酬単価が低いのだからどうにもならない。嫌《いや》なら辞めろ」となります。人のよいヘルパーは、「利用者のために我慢するしかない」という状態です。

組合を組織するのも困難でした。せっかく集会を開いても団結が難しいのです。介護集会では、法への批判もありますが、ときに手を結ぶべき他職種への不満が噴出します。「ヘルパーに25万円の賃金を与えるのはおかしい」というような社会的風潮もありました。「介護職は労働者」といっても、「労働者」という言葉になじみが薄く、組織化は難しいものでした。

それでも、小さな集団として勇気を出して声を出せば、「家事援助をむやみに主張する集団」「法のシステムを理解しない集団」「あの無知な集団は何だ?」という批判の声が、連携をとる必要のある職種からさえ出てくることがありました。

国は次々に新しい「改革」の手を打ってきますが、私自身、それを的確に捉えることができずにいました。当時、介護保険の現場から離れた部署へ仕事が変わり、解決の糸口も見いだせず、これまで自分自身が言ってきたことへの自信も揺らいでいた私は、区役所退職を決意しました。

石川事件の衝撃

そのようななかで、05年2月、石川県のグループホームで、28歳の男性パート社員が、夜勤中、入居者を火傷で死亡させるという事件が起こりました。女性入居者が「寒い」というので、石油ファンヒーターをつけたところ、女性が足で繰り返し消してしまうことに腹を立てて、ヒーターを近距離から数十分あてたことが原因です。虐待による殺人で起訴されました。

週3回の夜勤で12人を一人でケアしていました。夜勤と言っても、朝、定時に帰れるわけではなく長時間勤務が常態化し、仮眠もできず、賃金は月16万円。研修もないので知識もなく、正社員になりたいため、資格をとろうと勤務の合間にホームヘルパー研修に自費で通い、車を路肩に止めて仮眠するのが日常だったようです。介護保険の闇を見る思いでした。

当時、新卒の就職氷河期はいったん終息しましたが、既卒者の就職状況は厳しいままでした。男性は、(*)ロストジェネレーションの時代に学校を卒業しました。実習側の介護事業所は、男性の印象について、「本当に真面目な青年」といい、あってはならないこととはいえ、心が痛みました。裁判では、懲役12年の実刑判決（2審で10年に減刑）を受けました。

同時期、厚労省は、難病患者や高齢者に対する痰の吸引をホームヘルパーにもできるとする方針を打ち出します。それ以前に、在宅のＡＬＳ患者にかぎり「ボランティア」として吸引を認める、という通知はすでになされていましたが、今回は、その延長としての対象の拡大です。しかし、患者の安全やホームヘルパーの保護は後回しになりました。

毒になるのか薬になるのか判然としない施策があふれ、ホームヘルパーは、ただ便利な存在として利用されているようでした。「ちょうどいい安価な人材だ、あれをやらせよう、これをやらせよう」と、専門職としての理解がないまま、どんどん仕事内容が上から決められていきます。当然のように、介護職の離職は止まりませんでした。

そのころＮＨＫで「介護の人材が逃げていく」という番組が放映されました。54万人の介護職の半数が離職し、穴埋めにアルバイトなど無資格者が雇用され、人員不足による重労働、低賃金が蔓延《まんえん》していました。訪問介護のキーパーソンとなるべき「サービス提供責任者」には過剰な事務量・業務量が負わされ、ヘルパーとの対立も出てきたり、介護現場の荒廃は目に見えるかたちであらわれていました。

各地の現場を訪ね歩く

私が、23年間勤めた江戸川区役所を退職して、まず手がけたことは、これまで懸念材料であった訪問介護計画作成の実態調査でした。

訪問介護計画とは、ケアマネジャーが作成するケアプランに沿って具体的な手順を取り決める計画書で、サービス提供責任者が作成するものです。

先述のように、介護保険法改定の動きの中で、私は、「訪問介護計画書」に介護報酬を設定することを主張してきました。ケアマネジャーがつくるケアプランには報酬がありますが、同じく作成を義務づけられている訪問介護計画の作成には報酬がありません。訪問介護の報酬体系では、ヘルパーの稼働時間だけが対象になり、そこから事務経費、サービス提供責任者の給料、事業利益などが賄《まかな》われます。ですからせめてサービス提供責任者の

ロストジェネレーション（失われた時代）　90年代の経済どん底期の10年を意味します。

業務に一定の報酬を保障することで、ヘルパーの賃金アップを図れないかという思いがありました。

しかし、訪問介護計画書が、実際にどのように作成されているか、私自身、十分には実態がつかめていませんでした。

実態を調査してみると、やはり、サービス提供責任者の現状は厳しいものでした。「この1年は精神的・身体的にも一番つらかった。ケアから事務処理までこなさなければならず、常に評価が求められた。仕事量増大、ヘルパーからのきつい言葉もある。心も体も蝕《むしば》まれ、退職する人も多い」などという声も寄せられました。

各地の現場を訪ね歩き、ヘルパーやサービス提供責任者たちと接する中で、私は改めて介護現場の荒廃を感じました。また、現場が介護保険法改定の全容をとらえることはとても難しいことを実感しました。

望まれていることは、複雑な介護保険法とたびたび改定されるその中身をわかりやすく通訳してくれることでした。

「介護保険法がいったいどう改定されたのかわかりにくい。新聞で読んでもわからない。本当のところどうなの?」

現場では、自分たちに直接関わる事柄への率直な実感と疑問が日々起こります。法の不具合が現場に亀裂《きれつ》をもたらし、それが現場で互いの批判の声となっていることも目の当たりにしました。

「介護保険法がはじまって、ヘルパーの社会的役割・地位に変化はない、というより逆に悪くなった気がする」

「皆、介護保険モードに取り込まれてしまっている。ケアマネジャーもサービス提供責任者も自分たちの仕事をわかっていない」といった声も絶えず聞こえました。

批判の対象となったケアマネジャーも、その3分の1はすでに退職していました。発足当時は人気職種でしたが、過重労働や、生活できない給与（それでも介護関係職種の中では上位）、あるいは自分の思っていた業務との落差に現場を去っていったのです。この年、ケアマネジャーの更新制度がはじまり、定期的研修が義務づけされました。それは、国としては、3年ごとに改定される介護保険の内容を周知させるためにも必要なことでした。私は、求めに応じて法の内容を解釈する話もしてきましたが、それは介護保険という衣服の中に自分の身体を合わせるノウハウを話すことであり、知らず知らずのうちに自分の中に「介護保険法」が刷り込まれていくようでした。

介護保険のターニングポイント

04年、介護保険法が施行されて5年、さまざまな綻《ほころ》びが露呈する中で、国は前年から出されていた方針通りの法改正を打ち出しました。後に「介護保険法のターニングポイント」と称された、「介護保険法17年改正」です（表3-4）。

「ホテルコスト」とは食事代、部屋代です。在宅利用者は、食事代も部屋代も払っているのに、施設入所者が払わないのは不公平という考え方です。この公平、不公平という論理は、子どもじみたものです。なんとか利用者からお金を吐き出させたいという目的が見え見えでした。さらに、介護保険を中・重度の高齢者に特化して、要介護1・2のような軽度者を排除することは、「自立支援」の理念に逆行します。

この改正案が姿を現したとき、私たちもさまざまな介護職種の意見、疑問を携《たずさ》えて厚労省に赴きました。「制度維持のため、という言葉で財源抑制、給付削減に目がいっている。しかし、消費税は高齢化社会に向けての社会保障充実のためだったはずだ。ところが、これまでの消費税148兆円のうち、介護に回ったのはわずか6兆円。何のための増税だったのか」

表3-4 介護保険法17年改正概要

1「新予防給付」の導入（従来の「要支援」「要介護１」を「要支援１・２」「要介護１」に再分類し、それに伴って、「介護予防サービス(新予防給付)」を新設する。
2 介護保険の対象とならない(自立)高齢者向けには、「地域支援事業」を設け介護予防を行う。
3「地域包括支援センター」を新設し、介護予防のケアマネジメント等を行う。
4 ホテルコスト導入（施設利用者の食費、居住費は原則全額自己負担とする)。
5「地域密着型サービス」を新設。小規模多機能型居宅介護(住み慣れた地域での通所中心で、ショートステイも可能なもの)などの新設。
6 サービスの質の向上のための施策として、事業者の情報開示の徹底・事業者指定の更新制(６年)の導入・ケアマネジャーの資格の更新制(５年)と研修の義務化を行う。
7 被保険対象者の拡大(40歳以上の末期がん患者も利用可能にする)。
8 介護報酬の改定を行う。
9 既存のサービスの内容・提供方法、提供期間などを見直す。単に生活機能を低下させるような家事代行型の訪問介護については原則行わない。例外的に行う場合でも必要性について厳格に見直した上で、期間や提供方法を決定する。
10 介護サービス情報公表制度の実施。等

「予防重視型システムへの転換で、『自立』が強調された。これまでの『予防給付』は、『介護給付』の3分の1の費用だが、93％で状態が維持・改善され、つまり『自立』につながっている（03年介護給付費調査）。にもかかわらず、『安易に車いすを使用することで歩行不能になる』とか『家事代行によって家事が不能になる』という国の主張は矛盾していないか」

「1日に複数回利用する場合は、２時間以上の間を開けるというが、それではかえって費用がかさむし非効率。効率化とは矛盾するものではないか」

「ホテルコスト徴収で、入居者の費用負担が過重になることは明らかだ。保険料も上昇を続けている。遺族年金・障害年金からも強制的に天引きされる介護保険は重税と変わらない」

「国は『地域支援事業』を創設するというが、老人健診、福祉事業まで介護保険事業でまかなうことになる。もともとの老人保健事業（９００億円、国33％）、在宅介護支援センター（８００億円、国50％）、介護予防・地域支え合い事業（４００億円、国50％）といった国の負担が減って

いる。これらが介護保険財政に転化されると、介護保険は約1000億円の負担増になり、結局は国民に負担を押しつけることになる」

「ヘルパー3級をなくし、06年から仕事ができなくなるというが、もともと国の施策で定められた従事者資格ではないか。それを自己責任のように切り捨てることはいかがなものか」

「サービス提供責任者の責務を国は強調するが、過重労働が実体化している。ヘルパーの処遇について、労働基準が事業所で保障されるように基礎自治体に相談窓口を設置するなど具体的な施策が必要。介護報酬に研修費用等も含むというなら、報酬単価の根拠の詳細を示してほしい」

かみ合わない議論

改正法案は、介護保険法成立時に、「5年をめどに改正」とされ、水面下で着々と準備されてきました。私たちの訴える事柄は先刻承知のことなのでしょう。

厚労省担当者からは回答らしい回答が得られず、かみ合わないまま終わりました。厚労省の担当者にとって、すでに決まっていることに対する意見は、単なる苦情であり、単に「聞いた」というアリバイを残せればいいものです。彼らの頭には、次の法改正の準備がはじまっていました。あくまで、現場人間である私たちに、当時そこを見通す力はありませんでした。

「新予防給付」の導入は、介護保険のシステムの根幹をゆるがす法案ですが、国は、はじめこの改定法が簡単に通過すると思っていたようです。それが、公聴会などが入り、延期や審議で採決が流れたことは、いかにこの変更が大きなものであったのかあらわれています。

しかし、結局は、審議会での論議は、既定路線をいくように、これまでの論点をなぞるだけで答申され、05年6月、「介護保険法等の一部を改正する法律」案が国会で可決されました。

私は、「賛成」と起立する議員たちの姿を見ながら、どれだけこの法内容の意味と現場を知っているのだろうか疑問に思いました。

耳に快い言葉だが

国民は、法改正の内容を新聞などで示されても、実際のところ、言葉の意味はよくわからなかったのではないかと思います。

見直し、適正化、基準化といった言葉だけを取り上げれば、それは決して悪いイメージではなく、「新予防給付」という文字面も、なかなかいいアイデアのような印象を受けます。

でも内容は漠《ばく》としていて、その本質は霞《かすみ》の中に隠されています。耳触りの良い言葉は、かえって本質を偽るのに使われるのかもしれません。法の内容を変えるとき、それが国民にとって悪くなるものでも、常に使用されるのは「改正」という言葉です。消費税の創設もその後の増税も社会保障が口実に使われますが、いわゆる「弥縫《びほう》策」（場当たり的・取り繕《つくろ》い）という言葉がぴったりです。

このころ、利用者についての記載が「ご利用者様」となりました。医療機関で「患者様」になったのもこのころでしょうか。社会保障分野に市場原理が浸透してきたことを象徴しています。しかし、被保険者は、単に「お客様」であってはいけないのです。自分の人生を自分らしく生きるには、主体的に判断し、保険を上手に活用して、医師やケアマネジャーなどと「協力」する姿勢が大切です。保険制度そのものにも疑問の目を向ける必要が

新予防給付――――社会保障を縮小するかわりに、
国民に筋力をつけてもらう

あります。「様付け」でたてまつられている間に、いつの間にか主体性や権利を失い、負担もどんどん大きくなります。

利用者の側からも、新たに出された「軽度者外し」の施策に対して、「保険料を納めているのに、火災保険のように半焼か全焼になるまで下りないのか」といった不満が聞こえてきました。

国の動きに従わざるを得ない自治体も戸惑うことになります。

法改正に戸惑う自治体

ある自治体担当者の個人的な述懐です。

「国から介護給付を適正化しろという大号令があるが、介護保険では、事業者と利用者が直《ちょく》に契約している。事業者は利用者獲得のため利用者本位のサービスをしようとする。利用者も都合のいい事業者を選ぼうとする。介護保険が恣意《しい》的に運用されていることは事実だ。一番の原因は介護保険のルールが一般市民に理解されていないこと。理解を進めるため、ケアマネジャーやヘルパーが市民にパンフレットを配っているが、介護保険法はとても複雑な仕組みをもっている。

介護保険法と一口にいってもさまざまな法令がある。介護保険法、介護保険法施行令（政令）、介護保険法施行規則（省令）、運営基準（省令）、厚生省告示、解釈通知など。自治体は、これらすべてを保険者として知っている。だがケアマネジャーであっても実際の介護現場で直接関係するのは、運営基準、解釈通知（『介護保険Q&A』）といったもので、すべての告示や解釈通知の内容を理解するのは難しいだろう。

要支援・要介護認定の区分変更については、昨日までの介護保険で行ってきたサービスを不可とすることだから、自分たちも市民にどう説明するのか戸惑った。国は、『サービスが使えなくなるわけでない』といういい方に変わったが、『区分変更したのに、サービスは変わらない』ということはどういうことなのかと思う。

厚労省に問い合わせても、『中身が決まっていないので説明できないが、費用負担は増えるかもしれない』という答え。費用負担が増えるということは、人によっては、サービスを使えないということにもなる。

地域包括支援センターを、300万円の補助金で自治体が直営で運営することは無理。地域支援の『介護予防』と、介護保険の『予防給付』が別立てでは職員さえ混乱する。悪化予防、ADL（生活動作能力）の向上については前例がないから、自治体としては準備期間がほしいが、来年4月にやることになっている。今までやってきた予防介護事業とどうすり合わせていくのか・・・」

しかし、自治体職員は混乱の中でも、仕事をしていくしかありません。「介護保険法ですべてを賄《まかな》うことはできないという認識を再確認して、国の方針に沿ってやるしかない」となります。自治体も、介護保険法の矛盾を見ない振りをしているのです。

しかし、国は、「介護保険法は成功」といいます。確かに、形として全国津々浦々にいきわたり、コントロールされているようにみえます。でも現場の問題は先送りにされ、現実に生まれる不具合は「現場の問題」として片づけられています。

法は身体に合わない服

現場では、改正された法の運営基準に沿って書類を整え、国保団体連合会（国保連）に間違いないように請求することが目の前の課題です。

利用者の間近にいるヘルパーは、法令の枠内で利用者の現状をくることはできず、さまざまな方法で問題解決を図ろうとします。すると、請求の書式を整えなければならないケアマネジャーからみれば、「ヘルパーは介護保険のルールから外れる」と見られることもあります。ホームヘルパーの立場に立てば、「こんなはずではなかった。養成教育で受けた介護保険のイメージとはかけ離れている」と戸惑うばかりです。

そのケアマネジャーも、自治体や厚労省からは「まだまだ法令を知らない集団」と見られています。お互いに見るフレームがずれているのですが、すべて法が現実にマッチしていないことから起こっているのです。それでもその法に従って現場は動かされていきます。

働きにくさといえば、こんなことまで指示されます。掃除、洗濯、買い物で、生活援助1.5時間のケアプランが立てられているとします。訪問時、買い物がなく1時間で終わったら、ヘルパーは、いつもはできないところを掃除したいところですが、「いつもはできないところを掃除しないで、1時間で帰ってくること」などと事業所から指示されます。

制度は、「これでもかこれでもか」と、身体に合わない服のようにヘルパーを締めつけます

Ⅲ　新予防給付始まる　介護保険第3期　2006年から2008年

06年4月（平成18年）改正介護保険法実施。新予防給付始まる
07年4月（平成19年）介護保険事業運営懇談会発足。介護保険適正化計画、平成20年法改正に向けて論議
08年（平成20年）介護保険平成20年改正法成立
介護職員処遇改善交付金の創設。介護療養病床の再編など、地域ケア体制整備構想出される

療養病床の再編の動きの中で

第3期、構造改革路線の中で、改正介護保険法が実施されました。

この時期、「骨太方針２００６」がつくられ、「社会保障費２２００億円が削減できなければ消費税導入」の方針が示されました。医療構造改革、三位一体改革による税源移譲（住民税と所得税の比率を変える）が行われ、健康保険料・住民税に年金より天引きが始まりました。

介護給付適正化推進運動はさらにすすめられ、実地指導監査体制が強化されました。監査にそなえるために、

各事業所ではさらなる必要書類の整備に追われることになりました。

この流れの中で、第三期の終わりには、地域ケア体制整備構想、療養病床の再編成に向けての方針案が出されました。基本理念は、「高齢者の尊厳の保持、市町村の自主的・主体的取組みの推進、介護サービス、高齢者向けの住まいと見守りサービス、在宅医療等、住み慣れた地域での生活を支える基盤整備の推進」がうたわれましたが、主眼は療養病床の再編成でした。

医療の必要性が高い人には医療療養病床で、医療の必要性の低い人には適切な介護サービス等を、というもので、介護保険改定の最終目的はこれら医療政策と合体させていくことです。

そのような背景の中で、「介護保険法のターニングポイント」といわれた「新予防給付」など法改正の数々が動き出しました。ホテルコストはすでに前年10月から徴収されていました。「介護予防訪問介護」では自立支援が強調されます。

「介護予防」って何？

「介護保険制度自体がわからないのに、また新手が出てきた。それにしても介護予防って何？」

それが国民の多くの実感だったと思います。

介護予防の中心は、団塊の世代をターゲットにした「2015年モデル」に沿って、要支援・要介護1の認定者を減らすために、虚弱高齢者の「老年症候群」（身体虚弱、転倒、尿失禁、低栄養、認知症）に対してなされる生活指導です。

予防プランとしては、国民に次のようなことが国から指導されました。筋力トレーニング、口腔ケア、低栄養予防、肥満予防、尿失禁予防、認知症予防などを行って、できるだけ要介護状態にならないように努める、などです。

「介護予防訪問介護」で強調されるのは、「利用者と一緒に行動する」という指導です。虚弱高齢者と一緒に料理、掃除をすることで、利用者のリハビリや自立支援につながる。それは、措置時代に私たちも行っていた方法ですが、介護保険のなかでは「利用者がやってほしいことを、介護職がそのままやってはいけない」「一緒にやるというより、作業分担してやってもらう」ということになります。

しかも、それに関連して「虚弱高齢者に掃除機をかけさせよ。それが筋力アップにつながる」などが、大真面目に語られます。

要介護状態にならないことが、国民の努力義務とされるのですが、誰も好き好んで脳梗塞になるわけでも、要介護状態になるわけでもありません。認知症予防についても、国民にとっては切実な問題ですが、自助努力で完全に予防できるものではなく、ケアの手法もまだ試行錯誤の段階です。

「一緒に行う」が独り歩き

現場では、「お金を払っているのに自分でするの？」となり、平行線をたどるばかりの場面が見られました。

実際、利用者の「できること」と「していること」は違うので、利用者に「できることをしてもらう」というのはもっともです。しかし、「できるのにしていない」のにはそれなりに理由があります。

たとえば、一人暮らしの女性で、すっかり料理をする気のなくなった人に料理をしてもらうには、その動機をみつけて呼び起こすという心理的なかけひきをする必要があります。ただ「一緒に料理する」という行為だけをマニュアルに示しても何にもなりません。まして腰痛やうつ病などがあると、「一緒に行動する」ことはますます難しくなります。男性など、もともと家事習慣がない人に対しては、また簡単なことではありません。

介護予防ケアプランは、地域包括支援センターのケアマネジャーがつくることになりましたが、すべて作成することは不可能で、結局、民間事業所のケアマネジャーに委託されることになります。利用者は、地域包括支援センターと民間事業所のケアマネジャー2人と相対することになります。

しかも、要支援者たちの状況は変動します。同じ人でも、要支援と要介護度の間を行ったり来たりすることもあり、ケアプランは何度も書き換えられます。変更のたびにサービス担当者会議も開かれます。働いている家族が同席する場合には、その負担も重くなります。利用者の手元の書類は増える一方です。

「介護予防訪問介護」は、「自立」の視点で行われるものと説明されていますが、介護保険自体が「自立支援」でなされているはずです。その違いがどこにあるのか、ヘルパーにも利用者にもわかりにくいものでした。

介護保険は書類の山

そのようなとき、私はたまたま声をかけてくれたS区のケアマネジャー事業所で、非常勤のケアマネジャーとして働くことになりました。1年半ぶりに利用者と直接相対することとなり、介護保険の実態を肌で感じることができました。

実際に業務に関われば、介護保険制度が7年目に突入した現在も、ケアマネジャーの現場は試行錯誤の状況でした。法改正で、ケアマネジャーが担当する件数は月35件に限定されましたが、忙しさは変わりません。私は、他の仕事もあり、10数件を担当しただけですが、新規申請、通院同行、入院中の訪問、独居者認定調査の立ち会い、帳票類の管理などなど実際にやってみて、改めてその煩雑《はんざつ》さに目を見張りました。

賃金も、要介護度に応じての出来高払いでしたが、一人の人に要する時間を計算すれば、時給は驚くほど低額になります。「お金にならないケアマネジャー」という言葉に、なるほどと思いました。

さらに、国から指示されている「多職種連携」がいかに難しいかも実感しました。厚労省は、「医師と連携しろ」といい、これはもっともなことですが、まず看護師に連絡を取り、多忙の医師の予定を確認し、利用者宅への往診のおりなどに打ち合わせ（サービス担当者会議）を組むようにします。利用者の要介護の更新時には、意見書が滞《とどこお》らないように、家族から主治医にその旨を伝えるようにするなど、書類作成だけではなく、連携のためのスケジュール調整も骨の折れる作業になります。

サービスの開始には「サービス担当者会議」を開くことが義務づけられましたが、介護認定の書類が期日をすぎても届かないこともしばしばありました。主治医の意見書の遅れなどが原因です。そんなときは、介護認定事務の遅れを保険者に確認するとともに、その理由を記録します。保険者が書類や手続きの不備を追及してくるので、こちらも防護策を講じなければなりません。

訪問介護事業所内にいるサービス提供責任者も多忙で、若い男性が、疲れた表情で、息せききって打ち合わせに現れたときなど、その事業所がどのような働き方をさせているのか気になりました。

「介護給付適正化」で混乱

自治体が事業者への立ち入り権を得たことで、「介護給付の適正化プログラム」が各自治体で策定されました。介護給付適正化プログラムとは、事業者に介護保険制度の正確なルールを理解してもらうことで、適正な事業運営をうながすものです。ルールを守らない事業者に対して指導研修を行い、不正を行った事業所に対しては、指定処分取り消しなどを行います。

自治体の実地指導は、たとえば次のように行われました。

指導対象は、地域の全事業所です。6年の指定期間中、最低1回は指導が入ります。訪問介護対象者の3事例を無作為《むさくい》に抽出し、業務をどのような視点で行っているか業務チェックを行います。

訪問・書面交付などがきちんと記録され、その確認を誰が行っているか、決済印の確認といった書類チェックのほか、ケアプランの中身のチェック、アセスメントなど、ケアプランの経過全般を書類上で追跡します。運営基準にそって、減算処理がきちんとなされているか、ケアプランに保険外サービスがどのように記載されているか、なぜこの人にこのプランなのかが明確に見えているかなどを確認します。

「ケアマネジャーが月1回利用者宅を訪問しないのは介護報酬返還対象である。訪問しても『変わりなし』といった記録ではダメ。経過観察（モニタリング）などの記録整備は必須。書類がそろっていれば可」などという調査マニュアルがあり、そこでは記録がすべてでした。

このプログラムによって、訪問介護の業務の細かい規制が行われるようになり、ヘルパーにも、ケアマネジャーにとっても頭痛のタネになりました。

法は、人々の千差万別の状況に対応するため、どのようにでも解釈できる表現がなされています。これは、適正なのか、不適正なのか、自治体で運用するにも迷うところがあります。それらの問い合わせに対して出されたのが厚労省から出された『介護保険Q＆A』です。しかし、「最終的な判断は保険者による」とされ、それを受けて自治体による『介護保険Q＆A』というローカル・ルールが作られました。

たとえば以下は、ある自治体の『Q＆A』の一部です。

●通院帰りの立ち寄りについて、院外処方薬局、飲料水の購入、トイレは可。買い物は不可。他医療機関との複数通院は不可とする。
●外出介助について、市役所等官公署、公共施設への申請届け出、選挙投票は可。ただしケアプランに必要性を明記すること。
●散歩について、適切なケアマネジメントに基づき自立支援、日常生活の活動向上、安全を確保しつつ常時介助できる状態で行うものは算定可。
●趣味嗜好品の買い物（宝くじ・中元・酒・たばこ）、盆踊り、カラオケ、旅行、冠婚葬祭、墓参り、プールへの介助は算定不可。
●自宅で体操・歩行訓練、換気扇の掃除、庭掃除、草むしり、家具の移動、エレベーターの掃除、引っ越しの荷造り、訪問調査の立ち会い行為等は算定不可。

「ケアプランには、その介護を行うための確実な根拠を明記せよ」という指導があります。生活援助を組み込むときは、『Q&A』通りに行い、理由と目的を明記し、不確かなことは事前に自治体に相談し、適用外であれば自費プランを使うように利用者にすすめることになります。ケアマネジャーは、複数の自治体で仕事をすることも多く、A市ではOKだが、B市では不可のように、ローカル・ルールに振り回されます。

さらに、同じ自治体でも、支援係（事業者関係）と給付係（報酬請求関係）で見解が異なることがあり、場合によっては両方に確認する必要も出てきます。

そうして作られたケアプランを元に、ヘルパーは仕事をすることになります。

考えることを奪われた介護職

介護給付適正化プログラムの中で、ホームヘルパーの支援内容は、細かいチェックを受け、さらに厳密に細かく細分化されていきました。「ケアプラン」には家事行為が細かく明記され、それを受けてサービス提供責任者がつくる「訪問介護計画書」の中に、業務指示として、一つひとつの行為に5分、10分という時間が細かく記載されるようになりました。マニュアルにそって指定された業務を行うということを強制される中で、ヘルパーは考えることが奪われていきます。

のどが乾いたので、ジュースを買っていいですか

「訪問介護を行為別・機能別に再編する」という国の意図が具体的な姿をみせたのです。

国からすれば、細かくルール化されれば、ヘルパーは何も考えずに行為だけを行えるはずですが、実際の介護現場ではそのルール解釈で逆に混乱します。相手が一人の生きた人間ですから、ルールがあってもその通りにはいきません。

むしろ、細かく規定されればされるほど、「規定外れ」なのかどうか迷うところがたくさん出てきます。簡単な話、「自分の生活を分割すると、どのような行為で成り立っているのかをすべて書き出しなさい」といわれたら、誰でもさまざまな例外があることに気づくでしょう。誰もロボットのように規則的な生活をしていません。

とくに虚弱な高齢者の場合、千差万別かつ流動的です。利用者にとって、ヘルパーは頼みの綱ですが、「行為」自体が厳格に線引きされ、「してもらいたいこと」がしてもらえず、満足できないままサービスが終わります。ヘルパーも「してあげたいこと」があっても、タイムオーバーで、後ろ髪を引かれながら、次の訪問宅に向かわなければなりません。

利用者から、その日、ケアプランと違った希望が出されても、ヘルパーは自己判断できません。そのつど会社に問い合わせをして指示をあおぐことになります。会社は会社で、保険者である自治体に介護給付の対象かどうかを問い合わせ、自治体の担当者は、国の『Q&A』を基につくった独自の『Q&A』を開いて、問い合わせに答えます。それは、誰も責任をとらず、誰も考えない仕組みのようです。

「一律化」「規格化」できない「生活」を目《ま》の当たりにしながら、ヘルパーも、利用者のことより法規に従うことを優先します。法規に従わなければ、「レベルの低いヘルパー」「違法ヘルパー」になります。

介護サービスは、本来、利用者の介護問題を解決するために行われるものです。利用者の状況を把握し、どんなサービスが役立つか考えることが基本です。しかし、「利用者の状況に合わせた介護」という思考を完全に否定したい国は、「窓ガラス拭きは、日常的ではないから×」「訪問介護は居宅内で行われるもので、散歩は家の中で行われる行為ではないから×」というように、一方的に切り捨てていきました。

『Q&A』の文言《もんごん》のままケアプランを立てるケアマネジャー、「自己規制」するヘルパー——窒息しそうに窮屈な服を着せられた彼らは「考える力」も奪われていくようでした。本来、介護は一人ひとりの利用者に対して、何をすべきか自分の頭で考えないとできないものです。

たとえば、トイレに行きやすいように小さな家具の配置を（利用者の日常を乱さないように）少し変えるなどは、かつては自然に行われていた「介護」です。しかし、家具の移動は「大掃除」にあたるから不可とされてしまいます。これでは、利用者の不便・危険が放置されることにもつながり、「自立支援」ではなく、「自立妨害」となってしまいます。

法が介護の谷間をつくる

問題はサービスの谷間で起こる

私自身、ケアマネジャーとして新予防給付の矛盾を実感していました。

まず、認定結果と病状の間にギャップがあることがあります。複数の病気を持っていて、予防給付と介護給付を行ったり来たりしていた要支援の女性がいました。状態が良くなると、笑顔で、陽のあたる窓際のベッドの傍らにある植木に、小さなじょうろで水をやっていました。

しかし、軽度者に、ベッドなどの福祉用具が保険対象外となり、ベッドの返還を求められることになりました。彼女にとって、ベッドがあるから自力で起き上がることができ、夫の負担が軽減されていたのです。

軽度者の場合、ベッドや車いすについて、主治医の意見書があればいいというのですが、診断書費用は利用者負担になります。「さてレンタルしていたベッドをどうするか」

と検討をはじめたとたんに彼女の容態が急変、入院すると、そのまま亡くなってしまいました。高齢の夫が、彼女のトイレ歩行を真剣な目で見守り、本人も必死になって夫にこれ以上の介護負担をかけたくないとがんばってきた姿が思い起こされます。

「軽度」とは何をもって軽度とするのか。一律に要支援だから対象外というのは何とも理不尽なものでした。また、家族同居ならば、生活援助（生活支援サービス）は不可ですが、そこで起こるネグレクト、虐待に苦しむ利用者を目の当たりにすれば、「介護保険っていったい何？」と悩みは深くなるいっぽうです。

しかし、国はケアマネジャーの疑問を打ち消すように、研修では、法文言を第一に教育します。法が歩いて現場に行って、問題を解決してくれればいいのですがそうはいきません。

また、ケアマネジャーとして働いて、改めて実感したことは、介護保険で要求される、訪問調査・アセスメント・援助計画・実施・評価・他機関との連携が重要とされながら、ヘルパーには、その基本となるコミュニケーションを取る時間があまりにも不足していることでした。しかも、ケアマネジャーもまた、法令遵守という命題を考えることなく受け入れ、ただ作業をするだけということがいつのまにか常態化していたのです。

新施策に市場は敏感

今回の改正の「売り」である「介護予防訪問介護」「地域ケア」という新しい言葉の意味も、「人びとが地域で暮らし続けることができる法施策」というイメージとは異なり、「地域ケア」といっても、医療費削減のために療養型病床を介護施設に転換することが主眼のようです。また患者を在宅に戻し、「介護職は、身体介護に特化させ、医療補助者にする」という目論見もあったようですが、肝心の介護職を定着させるための処遇は事業者ま

コラム

適正化プログラムが介護の足を引っ張る

東京都の介護給付適正化プログラムで、08年度に監査を受けた事業所は79か所、そのうち指定取り消しが18事業所ありました。無作為に監査を受けた4分の1が取り消されたのですから驚きです。他業界から見れば、介護業界はまるで無法地帯のようにも見えるはずですが、東京都の監査を受けた、ある事業所長は次のように語っています。

「居宅サービス計画の作成・変更が不十分という指摘でした。書類の作成能力（事務能力）がいかに問われているか、介護保険法・運営基準の熟知が要求されることを痛感しました。

利用者一人ひとりにソーシャルワーク的な接し方をしようとすると運営基準に合わないことが出てきます。家族が参加しやすい条件をつくるために家事援助を入れるということも認められません。家事援助を入れることで家族の負担が軽くなり、家族が当事者に優しくなり家族関係がよくなるといったことは『介護の問題ではない』とされたのです。これは介護保険の最初にあった理念『介護の社会化』と逆行しますし、利用者の気持ちを考えると『自立支援』とも相容れないと思うのですが…。

私たちへの具体的な指摘は、『通院のための乗降介助の算定根拠が明確にされていない』『生活援助の算定において明確な根拠算定理由が未記入』『福祉用具の必要な理由が明確にされていない』など、ほとんど記録の不備によるものでした。

『サービス担当者会議を開催しなかった』ことも指摘されました。利用者の状態が悪化し、要介護変更申請を行い、翌月初めにサービス担当者会議を実施し、ケアプランを現状に合わせて変更しました。『要介護度変更』通知が、役所からその月末に送られて来たのでそのままにしてしまったことが、運営基準違反とされたのです。このケアマネジャーは一生懸命仕事をして、まるで揚げ足とりのような指摘をされたことが相当ショックだったようです。

すべてが記録です。やっていなくとも、内容がどうであれ、記録に残してすり抜けていくしかないのでしょうか。少なくとも、私たちは中身を大事にしているつもりです。

他の事業所からも、サービス担当者会議なしでデイの利用回数を週2回から3回に増やしたことが違反とされ、介護給付費を返還させられたという話が聞こえてきました。書類やケアプラン作成手順の順守が第一なのです。サービス担当者会議は大切ですが、何のための会議なのか、形だけ行われていればそれでいいのか、疑問です」

かせで有効な対策はとられていません。

国は、変わらず「介護保険は定着し、制度は大きく前進した」と胸をはります。「措置時代にはホームヘルパーの訪問回数は最大でせいぜい週2回だったが、今は回数を弾力的に増やせるし、保険にすることで財政的な裏付けができた。さらに、ケアの質と量を全国一律的にマネジメントして、介護事業所、関連産業の市場が大きく広がった」といいます。しかし、ヘルパーの訪問回数は、ケアプランや支給限度額にしばられ（利用抑制もあり）、措置時代と同じ週1〜2回が一般的です。

利用者と事業者が対等な契約関係になり、利用者は苦情をいいやすくなったと国はいいますが、十分に介護保険の趣旨を理解していない利用者のいいぶんに介護職が振り回されることが多く、ときに介護職に対する人権無視まで起こっています。「主人公」であるはずの利用者も、ケアプランをケアマネジャーに任せきりの状態で、自立支援という理想が具体化しているわけでもありません。

確かに、サービスの供給量は圧倒的に大きくなりましたが、財源的な裏付けは重い国民負担によるものです。国民は消費税には抵抗を示しても、それよりはるかに負担の大きい保険料、利用料にはなす術がありません。いっぽう国の政策に、市場は敏感に反応します。高齢者住宅、有料老人ホームといったものに新たな事業展開がはじまりました。

「民ができることは民に」「小さな政府」型の政策はあらゆる局面で進められ、自治体職員数も減少しました。減少したのは、保育、給食、学童保育、ヘルパーや各施設などの現業部門の人員で、退職者が出ても補充せず、少しずつ民間の指定管理者に入れ替わっていきました。公共施設が民間事業に委託されるようになり、職員の労働条件、雇用の継続が不安定になりました。

「訪問介護事業」は市場参入の基準を低くしたため、訪問介護サービス量は2・5倍に増えたものの、事業主の多くは労働法を遵守しておらず、明らかにヘルパーの労働環境は悪化していました。施設でも、ある神奈川県の特別養護老人ホームでは、指定管理者に移行して、給与20％カット、退職者17名（55歳以上の勧奨退職も含めて）であったことなどがもれ聞かれました。

意欲をそがれる介護職

民間移行によって、労働力が非正規職員へ代替されるだけでなく、それにともなって起こる慢性的な人手不足も非正規職員がカバーすることになり、過重労働で仕事へのモチベーションが低下するという悪循環が起こります。「介護保険になってヘルパーの質が落ちた」などと言われましたが、低賃金でもがんばって、利用者の生活を支えているヘルパーの質の善し悪しを論じるのは、それこそが「不公平」というものです。

かつて「24時間働けますか」というコマーシャルにあったような猛烈社員は、今も依然として少なくないようで、過労死の労災認定裁判が新聞報道されています。しかし、介護業界では、労災どころか、身体を壊すような働き方をしながら、保障もなく生きていくのがやっとという人が多いのです。こうなると、仲間同士で批判しあい、冷たい雰囲気が蔓延《まんえん》しやすくなります。

国は、介護現場のこれらの姿を黙認し、その上にさらに制度改定を進めます。

当時、介護保険の基本デザインを話し合う社会保障審議会で、代表をつとめる大学教授の言葉も介護職の意欲をそぐようなものでした。

「5年後には、20歳以上を一号被保険者（保険料を支払う義務を負う者）とする。ケアマネジャーは質が悪いので質の確立をめざす。国民が施設志向であるのは居住費と食費を負担しなくてよいからだ。そこでその是正のためにホテルコスト（居住費、食費）を導入し、費用の高い在宅水準に合わせた。介護保険は、中・重度者に焦点を置き、より専門的な機能をもたせる。ケアワーカーは介護福祉士一本にする。軽度・虚弱老人は介護保険から外す。予防給付対象者と特定高齢者（虚弱高齢者）は一体化して自治体の予防事業の対象とするのが合理的。08年には切り離す」

医療保険と異なり、はじまったばかりの介護保険は、介護関連職も利用者も「弱者」で声が小さいものでした。いちばんのしわ寄せは要介護高齢者にいくのですが、その前に担い手である介護職そのものが疲弊《ひへい》してしまっていました。

事務量に追いつかない現場

非正規雇用労働が介護の世界で日常化し、人材定着とは逆方向に進みました。再三述べているサービス提供責任者についても、国はその役割を強調し、介護職の能力開発を求めますが、その処遇を顧《かえり》みることはありません。サービス提供責任者の役割は、訪問介護計画の作成やヘルパーの指導などが中心ですが、ヘルパーの代わりに現場に行くことも多く、労働過重が常態化していました。

私は、厚労省担当者に直接「サービス提供責任者の訪問介護計画作成についての報酬」を設定するように配慮を求めましたが、それに対して厚労省の見解は、「サービス提供責任者のさまざまな業務も含めて訪問介護報酬に入っている」というものでした。

サービス提供責任者は、現場のヘルパーに、介護計画書の手順通りにサービスの実施を求めます。ヘルパーは直行・直帰が多く、記録や報告が後回しになり、利用者の情報が遅れることもあります。記録を自宅で行ったり、電話代を自分持ちで逐次《ちくじ》報告するのは負担です。そこで、行き違いが生まれます。

介護保険改定で法の運営要綱が複雑になりましたが、ヘルパーにもサービス提供責任者にもケアマネジャーにもその研修が十分に行われず、混乱に拍車をかけました。

しかし、法の網の目を熟知した大手事業者は、巧《たく》みに事業を運営し、営業利益増加を達成していました。

このころ、男性介護職の姿がたびたびクローズアップされましたが、40代後半で一般的な平均給与に13万円の差が出ていました。勤続年数に差はあるとしても、低賃金で、高いモラルを求めるにはそれなりのモチベーションが必要です。しかし、そのモチベーションをも国は奪っています。

民間事業者の質を確保するために、情報開示を標準化する「介護サービスの情報公表制度」もはじまりました。

大手と小手では事務処理能力に差が出る。

私も調査を依頼されましたが、「あくまで、資料の有無を確認するだけ」と指示され、淡々と調査に関わりました。そこから見えたことは、介護保険法が事業者に膨大な事務量を要求するという実態でした。

現場がその事務量に追いつけていないのです。情報公表調査は、半強制的に受けなければならないものですが、その繰り返しによって、事業者に「法令遵守《じゅんしゅ》」という意識を植えつける効果はありました。しかし、内容うんぬんより記録があればよしで、記録がなければ、行われていても行ったことにはなりません。

「書類がすべて」という視点は、自治体の監査と同様です。逆に言えば、行わなくとも記録があれば可ということです。介護保険法では、法を熟知した者が勝ちということになります。

コムスン事件

07年、サブプライムローン、リーマンショックが世界を震撼させました。

日本では「三位一体改革《さんみいったい》」として、住民税と所得税の比率を変え、3兆円が国から地方へ税源移譲されました。所得税が下がって住民税が上がるので納税者の負担額は同じですが、保険料などに反映し、結果的に国民の負担を増すものとなりました。

そんな中、コムスン事件が起きたのです。コムスンは、介護保険創設時に急上昇した事業所で、テレビコマーシャルなどでも多くの人に知られていました。１２００か所以上の事業所（訪問介護、特定施設入居者介護、小規模多機能型居宅介護、グループホームなど）を展開していました。ところが、名前だけの訪問介護員、勤務実態がないサービス提供責任者などの人員基準の違反、虚偽の申請、多額の介護報酬請求を繰り返していたのです。6月に厚労省は処分通達しました。かつて後押ししていたコムスンを切り捨てたのです。

テレビなどの報道は、コムスンの不正へのバッシングのみで、不正の背後にある介護保険の構造的矛盾には触れず、2週間たらずで報道合戦はほぼ終息しました。ニュースも生鮮食品と同じで足が早いのです。

介護現場は混迷のままでしたが、「介護の専門家」と称される人々の意見もさまざまでした。

まず、事業所のあり方に問題がある、とする意見です。

「契約の時代だから、経営者や労働者の努力次第では職場環境や労働条件の改善はなされるはずだ。改善の突破口は介護経営の近代化にあるが、経営者は労働法も知らない。職員の給与体系を公表すべきだ。

経営者は、効率経営と称して非正規雇用でマンパワーの充足をはかっているが、事業者を指定する際、社会保険や雇用保険、労災に入っているかどうかを条件とすべきである。そのうえで介護人材は、技術・知識・コミュニケーション力など教育が必要だ。現在の職場は、環境がよくても職員の能力が高くても、賃金処遇の現実がかけ離れている」

介護職自身の問題だ、とする意見もありました。

「訪問介護計画が適正に立てられているか。介護保険制度の枠組みの中で客観的な基準に則《のっと》ってサービスを提供するために、介護業務の標準化が求められる。現在のヘルパーが行っている援助内容を見れば、大方は、専門家とは認められない。家族が学べばできる程度の知識・技術にすぎない。あらゆる生活支援を一人のヘルパーが行うと家政婦の働き方に近くなる。

介護保険制度が成立したことで、介護も医療と同様に社会的にも専門性が認められる労働として生まれ変わることが必要である。専門性の確立には、介護業務内容の精査、科学的裏付けに基づいた介護行為の有効性の実証

コラム

役所言葉

いろいろな法の条文に出てくるのが「～に資する」「～を評価する」と言う言葉です。「資する」とは、「役立つ・有効である」であり、「評価する」とは「その価値を認める」ということになります。「評価する」が介護報酬について語られると、報酬に反映させるということになります。ヘルパーたちが主張する「訪問介護の報酬単価をアップしてください」は、官僚言葉に翻訳すると、「評価してください」ということになります。

しかし、直行・直帰という働き方で、情報からも疎外されているヘルパーがそれらの意味を正確に捉えることは困難でした。給付適正化プログラムの中で、目の前に示される業務内容の規制は、『Q＆A』にいろいろ記述されているのですが、突き詰めれば「その行為は評価しない」つまり「給付対象でない」ということです。

が必要だ」

次は労働運動の立場からのものです。

「事業者は、『8・27通知』を遵守し、労働基準法に基づく雇用をするべきだ。本来のホームヘルプ労働は社会福祉の理念に基づき、専門的な知識と技術に裏付けられた専門的・社会的責任のある労働であり、チームとして援助対応していくものである。利用者の個別性を把握し、援助を展開する力を持ち、利用者の生活の悪化や孤立を防ぐため関係機関との連携を取るために、必要な社会資源の知識を持ち、それらを活用する仕事だ。決して単純労働ではない。正当な対価をヘルパーに支払うことで、離職を防ぎ、新規参入を促し、介護基盤の安定化を図ることができる」

しかし、それらの議論も現場のヘルパーたちには、遠いところのものでした。理論をいくら言われても、目の前にあるのは「定型化した業務を、決められた時間内に行うこと」です。介護の質と言われても、教育も満足にありません。介護保険はめまぐるしく変わるけれど、その情報も遮断《しゃだん》されています。利用者一人ひとりとのふれあいで、心が慰められることも、打ち砕《くだ》かれることもあるけれど、他のヘルパーとの交流もなく孤独な環境です。専門家の批判や指摘は、ときに介護職を萎縮《いしゅく》させます。

介護保険について、情報はあふれているのですが、細部も全体像もなかなかつかめません。国はそんな「末端」の思惑などまったく気にせずに、次から次へと施策を提示します。わたしたち「末端」は、自分たちの仕事に直接関係することを理解する必要がありますが、それも混沌《こんとん》としていたのです。

病院から在宅へ

08年4月、(*)「後期高齢者医療制度」が実施されました。

団塊の世代が高齢者になる15年を見据え、「かかりつけ医」を中心に連携することで、病院医療から在宅医療へのシフトを促すねらいもありました。それにしたがって、今後、増加するはずの在宅医療に対応するため、介護職にも医療的な行為を求める「医行為解禁」が伏線《ふくせん》としてありました。

この年、「地域ケア体制の整備構想」という言葉が出てきました。「地域包括ケア」「地域ケア体制」と似たような名称が私たちを混乱させます。

「地域ケア体制」「地域包括ケア」といった、新しい言葉が次々出てくるが、どこが新しいのかわからない

国は、財源縮小を目的に、新しい概念を次から次へと、現場の理解が追いつかないくらいのスピードで出してきます。国の資料はインターネットで取れるのですが、いつもその量の多さに閉口します。しかも、書かれていることは、これまでの既定路線の繰り返しで、多少文言を変えたうえに新しい政策を付け加えます。

後期高齢者医療制度　75歳以上の人が、世帯ごとの健康保険、国保から切り離されて個人として加入する医療保険制度。75歳以上は、医療費全体の4割近い支出があり、医療費のコントロールをしやすくするねらいがあります。保険料は年金から天引きされます。

コラム　映画『シッコ』が人ごとではない

米国のマイケル・ムーア監督の映画に「シッコ」があります。米国の医療事情を描いたもので、患者が病院から病衣を着たまま放り出されるシーンがあります。日本では考えられないような風景だと思ったら、似たことが日本でも起こっていました。知人の看護師から聞いた話です。

ある青年が、筋無力症を発症して入院し、1年半会社を休業し、その後、退職を余儀なくされました。無保険者となり、入院費が支払えなくなると、病院は強制退院を申し渡しました。

筋無力症で、ズボンの上げ下げができませんから、まず排泄から困ります。退院にあたって、看護師がズボンのお尻の部分をハサミで丸く切り取り、排泄できるようにしました。病院から出された彼は、歩くこともままならず、路地にうずくまっていたところを、ほかの病院の看護師と医療相談員が自分の病院に搬送し、生活保護の申請などで命をつなぐことができたそうです。

極端すぎる事例と思われるかもしれませんが、人はいつ自助努力で自分の命や健康を守ることができない状況におかれるかわかりません。医療も介護も、そんな時に必要なセーフティネットです。それが機能しなくなったら、「豊かな国」も「美しい国」もありません。明日は我が身です。シッコの世界は他人事ではないのです。

私たちは、その繰り返しの多い言葉や文言を、多忙な中で吟味する余裕もなく、内容を把握するのが精いっぱいでした。統計表の数字は、「国が公表しているから確か」という思い込みもあり、知らず知らずに洗脳されていくようでした。後年、その統計数字が決して正確ではなく、時には操作されたものもあることを知るまで、私は国の発表する数字をすべて正しいものと信じていました。

「地域ケア体制整備構想」の文言では、高齢者が増加し、「若い世代の3人で1人の高齢者を支える」は、「2人で

1人を支える」に変わり、単身・老々世帯がどんどん増えるから、このままでは介護保険制度の維持は難しいとされました。そこで打ち出されたのが、一般病院から転院した人の受け皿である「介護療養型病床」の廃止です。

介護療養型病床の創設は、医療費の削減を目的につくられたものですが、今度は、「医療療養病床」(医療保険)と「介護療養病床」(介護保険)廃止が打ち出されたのです。これによって慢性の患者を在宅に戻すというものです。入院患者は要介護状態でいえば、要介護4、5が約6割です。要介護度3以上というのは、一人では在宅生活を行うのが不可能な状態の人たちです。その実態は、自宅では介護できず、近くに適当な特養などがないから、療養病床に入院していたというのが半数以上というのが本当でしょう。その人たちを在宅に戻すとどうなるか。多くが病院と施設の間をたらい回しになります。

新しい構想や政策が出るたびに「犠牲者」もやむを得ないというかたちは、国にとっては書類上の話ですが、現場の人間にとっては、目前の患者が路上に放り出されることなのです。

社会保障も自己責任で

地域ケア体制整備構想と並行して打ち出されたのが、生活習慣病やメタボ対策の「健康増進計画」でした。超高齢社会の不安をあおるいっぽうで、団塊の世代が90歳を迎える2035年には、東京の高齢者人口389万人のうち300万人が元気高齢者として、風邪もひかず、医者にもかからず、介護サービスも利用しないで、地域介護の担い手として活動するという図を国は描いているようです。病気やメタボは「自己責任」ということにして、その筋書きに沿って法の改定が行われていくことになります。

病院にしても、介護事業所にしても、制度の中で自分たちの存続を図る必要があり、国民も、自分の老後や介護・医療不安に対して自分で対処しなければなりません。医療費負担が増大し、受診抑制が起こるなど、低所得者層へのしわ寄せは深刻なものですが、国は「自己責任」のカードを切って乗り切ろうとしているように見えます。米国のように、医療費が高くて使えないという状態は「いのちの値段」に直結する生命倫理の問題です。

国の「地域ケア体制整備構想」に対して、各自治体も動きはじめました。東京都は国の動きを先取りする形で、東京都案を発表しました。そこには、高齢者は資産を持っているから、応分の負担を求めるというような趣旨もありました。

そのような医療分野の動きを背景に、介護保険法3回目の改定では、「制度の持続性」がさらに強調されることになります。

介護サービスを必要とする者を適切に認定した上で、必要なサービスを、ルールに従って適正に提供することを促す「介護保険適正化計画」は、3年後をめどに自治体がもれなく完全実施しなければなりません。

改定案の骨子は、①要介護認定の適正化（認定調査員を直営化することで対応する）、②ケアマネジメントの適正化（利用者の自立支援に資する適正なケアプランを、自治体の意向に沿って行われるようにする）、③サービス提供の適正化（指導監査や事業所への立入調査権、事業所廃止の事前届け出制、連座制の見直しなど介護事業者の規制を具体的に強化する）などでした。

事業者も介護職も、自分の身を守るために、記録が最重要になります。判断の根拠が常に求められ、訪問介護については、生活援助の在り方の論議、サービス提供責任者の役割の強化があげられました。そのころ私に与えられた研修会の題目は、「記録の書き方」「訪問介護計画作成実務」などが多くあったと記憶しています。

介護報酬に一喜一憂の業界

介護改定のたびに各サービスの「報酬単価」が議論されます。事業者にとって、どのように報酬改定されるかは収益に直結します。介護保険財源の危機が叫ばれるたびに、報酬単価が引き下げられるのではないかと戦々恐々《せんせんきょうきょう》です。

介護保険第4期に向けて、平成20年度改正法案（08年）のもう一つの目玉は、介護報酬のアップでした。そのとき「介護保険は黒字」と聞いて耳を疑いました。

２０００～04年で給付額が増え、それ以後伸び率は減少していました。適正化・効率化・新予防給付など、05年改定の効果もあったとされます。

06年の介護保険予算執行率は、東京都23区平均で92・７％でした。実際に使った給付費は、平均約１５３億円で、黒字額は約６億４０００万円です。06年まで赤字になったことはないというのです。

そのような事実が示されたこともあってか、国は09年度の介護報酬を３％アップする方針を決めました。ただし、03年の改定で、介護報酬はマイナス２・３％、06年の改定でマイナス２・４％ですから、結局、まだ１・７％のマイナスです。

私は、介護保険法施行時から、「介護報酬上げよ」と主張してきたのですが、そのことに違和感を抱きはじめていました。介護報酬のアップが事業所を利しても、介護職に届かない現実があるからです。

介護報酬が介護職にきちんと届くようにするには、法の中で人件費と事務費を分離して賃金保障することが重要です。移動、記録、ミーティング、研修などの時間や有給休暇について法に明文化することです。そうしないと、介護報酬が多少アップされても、国のいうトリクルダウン（富者が儲かれば、貧しい者にも行き渡る）は起こりません。多少の報酬アップは事業者のお手盛りで、あいまいに消えてしまいます。これは市場原理の中では不可能なことですが、保険料など公的な財源で行われる制度なら何らかの道はあるのではないでしょうか。

とはいえ、実際に賃金が数％アップしてもすべてが解決されるわけではありません。何度も述べてきたように、「介護を機能別行為別に再編」（標準化・細分化）によって、介護職の裁量権と専門性、やりがいが奪われ、そのことが離職や人材確保の困難にもつながっています。賃金アップは必要条件ではありますが、それだけでは解決できません。介護が、自分たちの未来を展望させる大切な仕事であるという価値観を社会全体で共有できることが必要です。

ふんばる介護職、離れる介護職

このような環境のなかでも、介護職たちなりに自分たちの状況打破の模索《もさく》を行っていました。

医療生協埼玉本部は08年10月「介護職の誇りとやりがい事例集」をまとめました。私も研修会に講師として招かれたことがあります。そこでは、入職後1年目、2年目、3年目研修があり、しっかりとした職員育成のシステムが整っていました。

研修会の発言では、「真の介護の社会化の実現」「介護職員が専門性を高め、いきいきと働き続けられる環境整備の方法」「介護の仕事が高い専門性とやりがいのある魅力的でプロとして誇りの持てる仕事であることをいかに社会にアピールするか」「厳しさを増す介護労働、深刻な人手不足という今の状況を変えていきたい」など熱い気持ちが伝わってきました。

また、民医連系の訪問介護事業所の研修では、事例検討会が数多く行われていました。

たとえばこんな事例が語られたのを記憶しています。

「ヘルパーの食事づくりには制限があり、配食サービスの利用を勧めたが、すぐに弁当に飽きてしまい食べられなくなった。地域包括支援センターに相談しても、『飽きて食べられないのはわがまま。これ以上、家事援助で入ることは認められない』という回答だった。食べ物だけではなく、家屋が非常に不衛生な環境だが、利用料を増やせないという事情もあり、十分な時間がとれない。どうしたらよいか」

参加者からは「飽きる」というのはほんとうの理由か、体重減少、咀嚼力低下、病状悪化などはないか、食事の量を保つことが大切だ、など真剣な意見が出されました。

その他にも、認知症やうつ病の方への生活援助の必要性を、表面的に捉えるだけでなく、症状悪化や要介護度悪化につながるという根拠を冷静に示して、さまざまな角度から討論する姿がありました。

訪問介護計画を形式的につくるだけ、という事業所も多くあるいっぽう、ヘルパーの観察、判断、考察を活かした訪問介護計画学習会が前向きに行われているところも目にしました。

しかし、こうして仲間と研修を受けられるヘルパーはごく一部で、多くは他から切り離され、孤立していました。また、所属がどこであれ、個々の現場のヘルパーたちの努力だけでは解決できないのが「法」です。ある大手事業所は、07年度が収入減になったため、ヘルパー賃金の据え置きや人員削減、職員のパート化、職員手当削減などを断行しました。その結果、離職者は150人にのぼりました。離職理由は、低賃金、多忙、病気、体調不良、失望（将来性がみえない）などです。

私の身近なところでも、介護情報公表制度の施行で書類作成の時間が増え、本来の仕事ができないことに失望して離職したサービス提供責任者がいました。

Ⅳ 進む利用者負担増

介護保険第4期　２００９年から２０１１年

09年5月（平成21年）改正法施行。介護報酬の引き上げ、認定審査項目の見直し、(*)地域包括ケアの推進など平成23年度改正に向けて論議

11年（平成23年）3月11日　東日本大震災

6月「介護サービス基盤強化のための介護保険法の一部を改正する法律」制定

10月　生活援助45分案出される

矛盾だらけのまま定着

09年、65歳以上の公的年金から介護保険料とともに住民税の天引きがはじまりました。国は、小泉政権時代「骨太方針」で示された社会保障費の「毎年２２００億円削減」方針の堅持を表明しました。

財務省案として出されたのは、雇用保険の国庫負担の廃止（１６００億円分）、介護保険の自己負担割合を２割に引き上げ（７００億円分）です。そして、基礎年金の国庫負担割合（50％、２・３兆円）の財源確保のために消費税率の見直しです。

社会保障費を削減しながら、社会保障を名目に消費税率アップをはかるという姿勢は政権が変わっても同じでした。国民は、政府によって「老後不安」をあおられていますから、お金は貯金に回そうとします。企業も貯金に回しますから、デフレ状態は解消できませんが、同じデフレ脱却政策が続けられます。

介護保険第4期のはじまりの年、要介護認定の新基準は10月からスタートしました。

改定の初年は、たいていその変更内容に事業者が夢中で追いかけるという構図が定番となりました。いっぽう国は、次の改定準備をはじめます。このころになると、現場には、介護保険改定も決まって行われることで、いちいち異議を申し立てても・・・といった空気も出てきました。

当事者であるはずの国民も、まさか自分が「要介護者」になる、という実感はありませんから、介護保険の自己負担のアップにも反応は鈍いものでした。

私の知人で団塊の世代の女性はこう言います。庶民の実感の一つであると思います。

「贅沢しなければ食べていける。一人暮らしだから、寂しさや不安はあるけど、何とか体も動く。介護はぴんとこないわ。介護を受けるようになったら、心配なのは下の世話だけど、嫁には頼めない。嫁は孫を抱かせてもくれない。家を建てるとき、お金を出してあげたのに顔もみせない！ヘルパーさんはやってくれるかしら。でも、介護職の人たちも大変だってね。子どもや孫にはその仕事はしてほしくないわね。介護保険って、保険料は支払っ

地域包括ケア（システム）　団塊の世代が75歳以上になる25年を目途に、高齢者の尊厳の保持と自立生活の支援の目的で、可能な限り住み慣れた地域で、自分らしい暮らしを人生の最期まで続けることができるように、地域の包括的な支援・サービス提供体制を推進していくというもの。構成要素は、住まい・医療・介護・予防・生活支援の一体化と、そのための自助・互助・共助・公助の体制づくり。

ているけど、わけのわからないものね」

「介護される」という実感はなく、子どもや嫁には期待できないとは思いながら「対岸の火事」意識があります。

私は、眼疾患のためケアマネジャー事業所を辞めていましたが、また人に頼まれて、別の区のケアマネジャー事業所で非常勤の業務を開始しました。ヘルパーだけでなく、ケアマネジャー不足も切実でした。

そこで感じたことは、2年前の経験とまったく異なっていることでした。わずか2年の間に、ケアプランの作成スタンスがより厳密になり、研修では「能力無きケアマネは現場から撤退《てったい》せよ」という言葉の洗礼を受けることになります。日々変容する介護保険、どこまで変化するのか予測もつかないまま、その変容に追いついて、法令遵守《じゅんしゅ》を徹底していくことがケアマネジャーの務めでした。

再開したケアマネジャー業で、私は以前よりストレスを強く感じました。E区のケアマネジャー協会のアンケート結果に示されたケアマネジャーの気持ちが、自分のこととして納得できました。

「できれば辞めたい」「ときどきリセットしたい」「事務処理ばかり」「責任ばかり問われて本来のケアマネ業務が滞る」「ルールや規制が多すぎる」「向いていない」「ケアマネって『すぐやる課』、『何でも屋』なの？」などです。反面、訪問が月1回でも書類は完璧。それがすぐれたケアマネジャーなのです。

今までの自分の「福祉的感覚」が否定されるだけではなく、制度に順応し、制度への疑問を麻痺《まひ》させる潮流でした。かつて介護の仕事の面白さに情熱を燃やしていた私も、今に至ってはいずれ撤退を余儀なくされる「能力なきケアマネジャー」のようでした。

介護職の処遇改善交付金

09年改定の目玉は、介護報酬プラス３％と、介護職員の待遇改善の交付金でした。介護職は一律に1万５０００円アップするものと期待しましたが、それは「常勤換算」であり、一人ひとりに届くものではありません。

実際、交付金の配分は事業所にまかされていました。

A事業所では、資格手当を新設し、そのほか年末に3万８９９４円支給しました。B事業所では、毎月一時金として、職員９０００円、常勤パート６２５０円、短期パート２５００円を支払うこととしました。C事業所では、ヘルパー時給50円アップ、グループホーム時給30円アップとしました。D事業所では、1か月1万４２２５円アップ、E事業所は、常勤は定期昇給５０００円＋交付金手当1万円支給（1回のみ）等です。

事業所への交付金には、キャリアパス（ステップアップできる職場環境）に関する要件を満たす「処遇改善計画」をつくるという条件があります。国保連（国民健康保険団体連合会）に請求すると、上乗せして入金されます。本当に処遇改善計画がつくられ、実施されているのか、その結果は求められません。

このころ事業所は、離職率10％未満と30％以上の二極化がありました。

訪問介護事業所の半数が赤字のいっぽう、高い収益率で、自社ビルを新築した事業所も見られます。都市部と地方ではまた差があり、莫大な利益を上げている訪問介護事業所があるという声も聞きます。

事業所にとってみれば、介護は定価の定まった「商品」ですから、利益を上げるためには、人件費を下げるのが一番手っ取り早い方法です。その点、登録ヘルパーは便利な存在です。仕事量が増えれば、電話一本で非常勤ヘルパーを増やし、減れば電話一本で減らします。非常勤ヘルパーの多くは一人ひとりが個人契約で働いているので、横のつながりもなく団結することもまずありません。

しかも、現場は圧倒的多数が中高年女性で、税制上、扶養控除の適用を受けるために、低賃金であることを是認する風潮もあったのです。実際、今回の交付金による時給アップで、「稼働時間を減らしたい」という申し出があるなど、逆転現象も起こりました。

人材不足状態の改善はなされないまま、人材派遣会社頼りになります。事業者は、「人がこないのだから派遣を使うしかない」ということになります。手数料1万円で、「有資格者を一人」と手配します。しかし、介護は資質も大きく影響する仕事です。紹介してもらってもまるで役に立たなかったという声もあります。

本来、従業者を大切にして、しっかり教育するシステムを取らなければ人は定着しません。ただ、教育するといっても、「介護の教育」と「介護保険の教育」は異なります。

まず現実的なことは、介護保険法に関する教育でした。介護保険で生き残るためには、法の熟知が必要でした。しかし、「介護」そのものに関しての考察はおざなりにされていったような気がします。決められた行為を行うこと、報告は必ずする、自己判断はしない、といった介護保険の中での働き方が当たり前になっていました。

法が「空気」になってきた

介護保険法が施行されて10年経ち、介護保険法以後に仕事を開始した人々にとって、どんなに息苦しくてもそれは「空気」のようになっていました。現実にそこにあるもの。それを吸わなければ生きていけません。

私自身も介護保険の空気を吸いながら変化していたかもしれません。「サービス提供責任者の業務」「訪問介護計画作成の方法」などの演題を与えられれば、国の運営基準に沿った話をします。「法令遵守」という演題では、現実のさまざまな事柄を法にどのようにあてはめていくか、「解釈通知」の説明を行います。

研修会で、「ケアプランにある内容を時間内でできないときはどうするか？」という質問には、「ケアプランの時間設定にムリがあるならケアプランの変更を（ケアマネジャーに）申し出る」というのが無難な答えです。

しかし、なかなかそうはいかないのです。ケアプランの変更には書類の束と手間ひまが必要です。ケアマネジャーがヘルパーの希望を組み入れてケアプランを組み直すことはまず期待できません。案の定、質問者は納得しません。

「ケアマネジャーは『能力がないからだ』と変更は認めません。実際、自分でやってみたら、できるかどうかわかると思います。多分、できっこありません。ケアプランに関係なく、私がボランティア的に行えば『問題なし』になります。でも、それでは私たちがずうっと割を食うことになります」

会場には、同感の空気が流れます。

研修会では、ヘルパーばかりでなく事業所側からの訴えもありました。

「ボーナスを常勤職員に1・3か月、非常勤に0・5か月支払い、非常勤も社会保険に加入させてきました。『予防給付』では、利用者の家族が同居している場合、家事援助が不可となり、介護保険利用者が減ったので事業所を一つ閉鎖しました。『情報公表』のたびに書類作成でとても忙しくなります。

情報を共有するといっても、医師とケアマネジャーと訪問介護員と訪問看護師で、それぞれの言い分が異なります。そこで事故が起これば、多分、悪質な事業所では最末端のヘルパーに責任を押し付ける形になるでしょう。自分たちは、理想の介護を実現したいと考えてきましたが、疲れて果てています。何時まで継続できるか不安です。それでも、利用者のことを考えたら、ここは踏んばらなければならないと思っているのですが・・・」

制度設計する人は、個々のケースを勘案したら法律などつくれないというでしょう。現場では、窒息しそうになりながら、法という洋服に体を合わせていかなければなりません。

セーフティネットが穴だらけの不安な社会では、人々の心も倫理観も乱れます。巨大な格差社会は足下《あしもと》の危険な社会です。国は、「高齢社会の危機論」を説得材料にして、さらなる福祉構造の弱体化を進めようとしています。不安をあおりながら、その不安を増幅させているようにもみえます。

また、介護保険法に身体を合わせる窮屈さを一番実感していたのはサービス提供責任者であったかもしれません。介護保険法運営基準では、サービス提供責任者の業務として、訪問介護計画やヘルパーの指導などさまざまなものが定められています。しかし、実際の仕事はどうであったでしょう。

サービス提供責任者の実情について、日本ホームヘルパー協会が行った調査報告があります。75通の回答があり、法で定められたサービス提供責任者の任務と実際の業務には格差が大きいことがわかりました。実際の業務は、ヘルパー業務の「穴埋め」や、シフト作成や保険請求の入力です。驚くべきことに、肝心の訪問介護計画作成に要する時間は業務全体の1割という状況でした。なかには事業主から「自分の給料分は自分で稼げ」（つまり事務作業と介護実務を兼務しろ）といわれている実態も浮かび上がりました。

これでは、サービス提供責任者は、介護保険法で定められている任務を果たすことができません。「ただ忙しいだけ」という嘆きのほか、「計画書をつくっても、現場のヘルパーがよく見ない」という不満もみられました。ヘルパー側からは、「訪問介護計画を協働してつくるといってもヘルパーは蚊帳の外で、カンファレンスにも出席できない」「訪問介護計画は単に形式だけ」という反発もあります。

訪問介護計画は、ケアマネジャーの作成するケアプランを具体化するものですが、ケアプランを見ながら、「この時間内でこんなことはできない」と思っても、実際はケアマネジャーより弱い立場です。そこで、「掃除は簡単でいいから」とヘルパーにささやくことになり、しわ寄せを利用者にかぶせてしまうこともあるようです。

現場には介護業界のさまざまな圧力があります。労基法なんて関係ない、ヘルパーなんて代わりはいくらでもいる、ヘルパーに「専門性」「介護の質」なんて望まない。決められたことをきちんとやってくれればそれでいい・・・。法を知れば知るほど、サービス提供責任者の責任は重くなってきます。逃れる方法は、自分も機械的に業務をこなしていくことです。

法改定は、既定路線によって

法が空気のようになっているといっても、介護保険がどんどん変質していくことを見逃すわけにいきません。私たちは、厚労省にヘルパーの処遇など現場実態を訴え続けました。それは、よりよい介護保険にするため、介護保険法の不備を是正するためでした。決して、介護保険法に反対するものではありませんでした。

それに対し、厚労省担当者の回答は、すでに公表されている内容を繰り返すだけでした。

新しい情報・事実さえつかむことは困難で、現場の実態を訴えても、「それは介護業界全体の実態ではない」という言葉が返ってきます。

現制度下で高い収益を上げている事業所の実態もつかんでいて、それをモデルにしたいのでしょう。厚労省の主張は、「個々のヘルパーの処遇は法を運用しながら努力せよ」であり、法そのものの問題については、「給付費分科会で議論される」の一辺倒です。

介護職がどの現場でも不足しているのが実態ですが、厚労省担当者の返答は、相変わらず、どのようなデータなのか「介護職は増えている」の一点張りであり、「介護処遇改善交付金やキャリアパス制度で職員は集まってくる」と繰り返すだけです。

すべての回答が、まるで芝居の台本のように決まっており、「生の声を聞く場もこのように設けているし、基礎データは分科会の示す通りであり、自分たちの担当外の項目については担当者に伝える」であしらわれます。介護保険はその存在をいつのまにか岩盤にしてしまいました。しかもこの岩盤は自分たちの都合にあわせて動くのです。法制度を強固にするには現実をみてはいられないということでしょうか。

介護保険の改正法の原案を厚労省担当者がつくり、審議会がそれをなぞって答申し、国会の予算委員会、本会議で可決するというレールの上を走ります。そのため都合のいいデータが集められ、予定された結論が導かれるという状態が霞ヶ関の法制定の「普通」であることを、私たちはまだ知りませんでした。

在宅死への誘導

２０１０年、「地域ケア体制整備構想」が各自治体で策定されました。病院から在宅に患者を戻す第一歩です。それが、介護保険とどう関わってくるのか、私たちは今までも何度か厚労省に行って担当者の話を聞きましたが、ある説明会での老健局長や課長の見解は、おおよそ次のようなものでした。

「介護保険法が10年経ち、被保険者、サービス受給者ともに増え、これにともない介護費用・保険料も2倍となっている。介護従事者数も2倍となっている。25年には介護費用は23兆円になる見込みであり、介護職員の数も今の2倍は必要だ。第5期の介護保険料は５０００円を超える見込みで、財政節減のためにサービスを減らさなければならない。特養の待機者は42万人で、ホームヘルパーの確保はどこも大変な状況である。現在の訪問介護サービスでは、家族の負担を軽くして生活維持させることは難しい。

診療報酬改正については、後期高齢者医療で、入院90日以内に限定する。病院には速やかに退院させれば高い点数を設定し、地域連携クリティカルパス（治療開始から終了までの時間管理）を評価する。急性期医療は、「出来高払い」のままとし、ここに医療財源を集中投入する。亜急性・回復期病棟は包括点数（マルメ払い）とし、介護保険の居住系施設に移行する」

「要支援1・2、要介護1の軽度者は140％になり、保険料は2倍になった。専門職がきちんと役割分担をして働けるようにし、地域包括ケア圏は30分で駆けつけられる圏域とする。高齢者の死亡が圧倒的に病院に多いが、自分の住み慣れた家で最後を迎えられる『在宅死』を増やすべきである」

医療費節減のために、病院から在宅に戻す。そのために、地域包括ケア、地域ケア体制整備構想と、名前は違いますが、資料には同じようなイメージの図柄が描かれ、政策が出されてきました。

人には、さまざまな生活条件があって、在宅療養からも病院からもこぼれてしまう多くの人についてはどうなるのでしょう。かつて政府関係者からも、「保険料が5000円を超えたら社会保障とはいえず、私的保険の領域だ」と指摘した人がいました。

医療費抑制のために入院患者を退院させて、在宅介護で受け止めるといういっぽう、介護保険料の上昇を抑えるために介護サービスを切り捨てようとします。ところてん方式で、上（医療）から下方（介護）へと問題を押し下げ、さらにその下方（介護）からも問題を押し下げていく。問題はどんどん目に見えにくい場へと先送りされていくようです。

厚労省の担当者の講演を聞くと、デンマークやフィンランドの事例が引用されましたが、米国流の「自己責任論」が下地にあることは明白でした。

会場からは、たまらず反論が出ました。

「社会保障である医療・介護に、安易な規制緩和（市場主義）は適当でない。介護保険は医療費節減で出てきた制度だが、フタをあければ、介護保険に医療がどんどん流れてきている。今回もそうではないか。今、ごちゃごちゃになっている医療と介護はきちんと分けるべきだ。訪問看護・訪問診療は医療保険に一本化する。節減というが、教育や医療など人間のいのちに関わるところは効率化を図ってはならないのではないか」

「安心安全という国民向けの言葉が、魔法のように人を惑わし、頻繁に使われるけど、政策はまるで反対。一体誰のための安心安全なのか・・・」

病院からの患者追い出し

国の基本的考えは、介護など社会保障の分野に「市場化」という名の自己責任を導入することです。そうしないと、社会保障が国力を衰退させると考えています。とくに今の高齢者は退職金・年金も十分であり、自己負担と家族介護は十分に可能としています。その際、すべての「高齢者」が同じ条件であると「思いなす」ことで政策がつくられます。

しかし、現実には、多くの人がさまざまな介護にまつわる問題で苦しんでいます。ヘルパーが対面する人々は、経済問題、人間関係、家族関係、疾病《しっぺい》を抱えている人たちです。それぞれ価値観、性格が異なり、要求も一人ひとりが違います。親などの介護のために仕事を辞めた「介護離職」が14万人という報道もありました（『総務省就業構造基本調査』06年）。高齢者の病院追い出しでは何も解決できません。

２０１１年3月2日、「介護サービスの基盤強化のための介護保険法等の一部を改正する法律案」が提出されました。法の名称はどれもとても長く、一度聞いただけではわかりません。

売りは、「高齢者が地域で自立した生活を営めるように、医療・介護・予防・住まい・生活支援サービスが切れ目なく提供される『地域包括ケアシステム』の実現に向けた取り組みを進める」というものです。

これも長いセンテンスで、一読しただけでは理解し難く、繰り返し読んでも、あまりにも抽象的で何のことかわかりません。「診療所とフィットネスセンターと介護・看護ステーションが近くにあるバリアフリーの高齢者住宅を用意して、そこで死ぬまでケアを受けられる」と言った感じでしょうか？

ここに踊ったのが[*]「ペイ・アズ・ユー・ゴー（pay as you go）原則」という言葉でした。これもよくわからない言葉でした。要するに「介護保険財政の中で収支決算しなさい」ということですが、わざわざ米国の言葉を直輸入して使うのは、社会保障を削るのに際して、深い意味があると国民に思わせるねらいもあると思います。

具体的には、病院機能を在宅に移すために、「地域包括ケア」という名目で、サービスを細切れに短時間提供する（病院のサービスを在宅に適用する）ことであり、そのために介護職員に痰の吸引をさせることであり、特養の整備は行わず、高齢者住宅に集中的に住まわせ、介護サービスを外付《そとづ》けする。外付けサービスは24時間対応の定期巡回・随時対応・介護看護サービスとする、ということでした。

また、要支援者の給付切り下げは、家事援助はボランティアに移し、ケアプランの有料化、利用料の2割負担、補足給付の厳格化、多床室入居者の居住費の徴収、有料老人ホームの推進（月収20万円以上の高齢者対象）等、国民の負担を増すものでした。

これらの法案の撤回を訴えても、数で押し切られる国会の中では無理で、大手マスコミも「消費税増税は仕方がない。その前に徹底した行革・無駄な行政削減・公務員削減をやってから」と世論を誘導していくようでした。

ペイ・アズ・ユー・ゴー　新規の政策、歳出がある場合、その財源を必ず確保して行うという原則、「やるなら払え」「前金制」原則。

「メルトダウンは起こっていません！」

この法改正案提出の翌日、２０１１年3月11日、東日本大震災、福島原発事故が起こりました。こんなときにも「大本営発表」のように、「メルトダウンしていない」という言葉が繰り返しテレビから流れます。それに追い打ちをかけるように、放射能被災を防ぐ術《すべ》であったはずの放射線影響予測システム「SPEEDI」が、「国民がパニックになるから」と公表されず、被災者をみすみす高放射線汚染地域に留まらせた事実も明らかになりました。実際に起こったメルトダウンについては2か月たってはじめて明かされるという始末でした。

疑問はあっても、動いている法を否定はできない。不備は明白でも、それを解決する手立てが見つからない。法治国家の中で、法は守られなければならない。そんな思いが、私の中で崩れたのは、そのときでした。国の原発事故対策への不信が、同じころ傍聴した社会福祉審議会の審議の様子と重なりました。

はじめて芽生えた法そのものへの不信。私に何が欠けていたのか、それは、法制度の根本を見通す視点でした。そして、何度もその示唆《しさ》を得ていたのにそれに気づけなかったことに愕然《がくぜん》としました。

「共助」の言葉で進められる制度改革

大震災で東北がどん底にある中でも、介護保険改定の施策変更の準備は「粛々と《しゅくしゅく》」進められていました。国の意図は、5月12日付の厚生労働省資料「社会保障制度改革の方向性と具体性」で、次のように記されています。

「今の社会保障制度は、高度成長時代のもの。高齢者に手厚い給付となっている。低成長時代の今、社会保障制度を取り巻く環境が変化した。だから、国民の目線に立ちつつ、国民の自立を支え、安心して生活できる基盤を整備する。社会保障制度の本源的機能を復元・強化し、安心・共助・公平性の三位一体のトライアングルを！」

社会保障を削る代わりとしての「自己責任」「市場主義」「弱者切り捨て」「ヘルパー使い捨て」の文字が透かして見える文言です。

同じく厚労省がいう「世代間の公平性の確保、貧困格差問題の解消を通じた社会連帯の保持、共助の仕組みを

コラム

私の故郷

2011年3月11日、テレビには、津波が町をのみ込む光景が映し出されました。テレビに映る夫の兄の住む釜石の町の光景。夫は、必死になり電話をかけ、つながらないことに焦燥し、インターネットの被災者情報コーナーに安否確認のメッセージを入れ続けました。兄の家は津波に流されましたが、家族は幸い無事でした。

かたや原発事故不安にゆれる福島は私の故郷。原発からはるか離れた私の実家も、放射能汚染の被害を受けることになりました。

事故前年まで、実家の桃の収穫の手伝いが私の年中行事でした。朝4時に起き、8時まで桃の収穫・出荷作業。鶯が竹やぶで鳴き、カブトムシが樹木を這う清々しい朝。仕事が終われば、お風呂で汗を流し、手づくりヨーグルトや畑で採れた野菜のスープ、コーヒー、パンで朝食。洗濯など家事をしても、なんと朝9時にはすべての作業が終わってしまい、あとは日なが一日、涼しい風が吹き抜ける部屋で寝転んで本を読むだけ。ときどき目を上げると、阿武隈高地や奥羽山脈の緑の山並みと、透明な光の満ちあふれた真夏の空が広がります。ツバメが優雅に軒下を飛び交う、まるで天国のよう・・・。それが子ども時代から変わらぬ故郷の姿でした。

事故の後、高齢ということもありましたが、実家を継いだ長兄は300本の桃の木を切り倒しました。私にあった、それまで何十年と夏の日に繰り返されてきた当たり前の日常が、永久に失われてしまったのです。

基本とする国民相互で責任と負担を分かち合う仕組み・・・」も同様です。

ここで繰り返される「共助」の強調は、後に「要支援外し」につながっていきます。確かに互いに助け合う「共助」は重要です。しかし、江戸時代にはあったような共助システムをお題目のように唱えても、共助システムのほうからやってきてくれるわけではありません。単なる、ないものねだりの「言い逃れ」にしか聞こえないのです。また、最後に、「セーフティネットとしての生活保護制度の見直し」が付記されましたが、これが具体的にどのような形で現れるのか、不安を感じました。

厚労省の資料には、東日本大震災にも触れられていて、「大震災からの復興を頭において社会経済情勢の変化を踏まえた給付の重点化、選択と集中、共助を重視した社会保障の機能強化、未来志向の、安心して暮らせる地域社会モデルの提示」とあります。ともすると字面から、「大震災からの復興」という言葉が先に入ってしまいます。しかし、よく読み直すと、次の言葉が隠されています。

「自分のことは自分でしなさい。家事行為は自己責任で行われるべき。生活援助を介護保険から外す。日本には個人貯蓄がたっぷりある。そのタンス貯金を自分のために吐き出しなさい」

タンス貯金がたっぷりある人にはあてはまることかもしれません。しかし、大半の人はそうではありません。国民年金のみの受給者は９００万人近くいます。平均月額3万円から5万円です。それらの人々からも、保険料は強制的に天引きされます。保険料は払っても、利用料が払えないためにサービスを受けられない人々が少なくありません。国民年金のみでなくても、今後、年金の引き下げが「財源論優先」で進められていくと、「保険があっても使えない」層が増大します。

いっぽうで、国はいまだに公共投資、低金利によるトリクルダウン（持てるものがさらに豊かになると、もたざるものにも富が浸透する）に救いを求め、格差社会を広げています。国民には「共助」「痛み」を求め、富める者の倉を富ませる政策はどこまで続くのでしょうか。

介護保険法への異議

保険料の天引きは、消費税のように国民に直接の痛みを感じさせない「隠された重税」です。介護保険制度で救われる人も大勢いるのですが、それは中間層までで、低所得層は置き去りにされます。社会の高齢化とともに増えるのは要介護者だけではなく、低所得層なのです。このままでは少なからぬ「貧困層」が介護保険という「使えない社会保障」を下支えし、そこに投入される介護職もまた低賃金に悩まされるという「貧困二重奏」が現実化します。

介護保険のジレンマを指摘する声も聞こえてきます。

「低所得者の保険料負担は限界に達している。保険料を上げないためには、給付を抑制しなければならない。サービス供給の市場化は格差を生じさせ、低所得の要介護者は、保険料は天引きされるがサービスを利用できない。介護保険法は廃止するべきだ。本来、福祉サービスは公費負担が原則で、自治体が責任を持って現物給付にするべきものである」

「24時間巡回介護の利用者が激減している。訪問看護の利用者は増えない。ヘルパーのなり手が少ない。いっぽう介護保険事業で利益を上げている会社が多いことは、中間搾取《さくしゅ》の事実をあらわしている。

介護保険がうまくいかないのは連携の欠如ではなく、給付限度額のしばりからも言いえる。急性期病院はすぐに退院を迫るが、医療保険と介護保険制度の適用の間に大きな隙間《すきま》がある。システムの問題が根本にある。隙間を埋めているのは、良心的な事業所の善意や、家族の犠牲、わずかな地域ボランティアだ。

根幹的なジレンマ――市場規模が大きくなるほど保険料・利用料が増加する。「お金集めは共助で、利用は自助で」

しかし、事業所の善意は労働者を犠牲にする。地域のボランティア力の低下の中で、行政の機能後退、役割低下が根本的問題にある」

「『民でできることは民で』という制度設計で、市場化が目指された。介護保険施行時に『家族介護手当の支給』（現金給付）が却下された。それは家族に依存すれば市場が育たないという理由だ。市場成長のためには、サービスを利用してもらわなければならない。しかし、市場が拡大し、利用が増えれば増えるほど介護保険コストは肥大する。それが保険料負担となって国民に跳ね返り、結局は、国民の負担を増す」

このころ介護保険法自体への疑問が生じていた私は、徐々に仕事から退いていました。原発事故の被害を受けた故郷のことも気がかりでした。現場のヘルパーと接する機会もだんだん少なくなっていました。

家事援助45分

さまざまな論議のなかで、平成23年改正法は成立しました。

行政・自治体は、改正法に従って実務作業を進めていきます。社会保障審議会の「介護給付費分科会」は、12年の介護報酬の見直しに向けて動いていきました。

そこで、またヘルパーたちを驚かす内容が示されました。

10月17日に行われた第82回介護給付費分科会では、「訪問介護の生活援助時間区分の見直しを行い、『45分未満』と『45分以上』の二つにする」と提示されました。

そのほうが、利用者の個別的なニーズに応じた効率的なサービスが受けられ、事業者もより多くのサービス提供が可能になる、という趣旨です。「生活援助の時間区分及び単位について、実態に即した見直し」であるといいます。

45分の根拠として示されたのは「洗濯時間15分」というデータでした。

この分科会では、洗濯作業に実際に関わる時間と説明がチグハグで、大森分科会長が、「洗濯するとき、洗濯機の前にずうっといるわけではないだろう。それを答えればいいのだよ」と担当課長を叱責《しっせき》する場面もありました。

介護保険法という窮屈な服に慣らされかけていたヘルパーたちも、一歩現場から退いていた私も、さすがに黙っているわけにはいかず、厚労省老健局に赴き、「訪問介護時間の短縮・削減」に反対する要望書を提出、国の真意を知りたいと、面談を要請しました。

しかし、応対した職員の回答は、「45分以上やってはいけないというものではない。適切なアセスメントとケアマネジメントに基づき、ニーズに応じたサービスを効果的に提供するということだ。従来通りのサービスも可。『ともにする行為』を身体介護として組み替える。『相談助言』も身体介護の評価に含まれている。今回の改定は、そのようなケアマネジメント上の問題だ」というものでした。

私たちは、「生活援助は自立支援の根幹」であるという、これまでの主張の上に、「45分はヘルパーの賃金をさらに低下させる」と強調しました。

そこでも、担当者の答えは、「自立生活支援のための見守り的援助は、『ともにする行為』で、身体介護に含まれる。生活援助を、適切に身体介護の中で見直すように」を繰り返されるだけでした。

しかし、生活援助を身体介護に組み入れると、とうぜん利用者負担が増えます。場合によっては支給限度額を超えることもあります。その場合の経過措置や負担軽減措置はあるのか、と問いただすと、それには「ない」というはっきりした返答でした。「ない」というのは「負担軽減措置がない」という意味より、「考えることはない」という意味であると思います。法改正は、もっと国民に負担をしてもらうというのが目的ですから、考える必要もないものでした。

国のエビデンスはこんなものなの？

私たちは、厚労省と交渉しながら、「生活援助45分」ということに対してどのように審議が行われているのかを知るため、手分けして「介護給付費分科会」の傍聴を行いました。主婦連、日本介護福祉士会、日本ホームヘルパー協会などの関係者を訪問し、意見を聞くなど思いつく限りの行動を起こしました。参議院の厚労委員会も傍聴しました。

そこでわかったのは、時間短縮の根拠となった調査は、政策基礎研究所（ＥＢＰ）が１３６３万円の補助金を使って行ったものでした。調査では各事業所にアンケートを送り回答を分析しています。

アンケート送付件数３０８０件、有効回答率92％（２８４１件）ですが、事業所によって回答基準がばらばらで、アンケート調査に記入された数字は、それぞれの担当者の「このくらいかな」という記憶、感覚によったものでした。しかも、データの収集分析は厚労省老健局老人振興課がほとんど行っています。１０００万円超の補助金はアンケート作成と配布代金？でしょうか。

常日頃、「エビデンスを示せ」と、私たちに迫っていた国のエビデンスがこれかとあきれたものです。

「45分」という数字の根拠の不明確さに、当時の小宮山厚労相も、「調査の方法が適切かチェックしたい」と答弁せざるを得ませんでした。

しかし、数日後の介護給付費分科会（第87回）では、「①介護職員の安定的な確保に向けての処遇改善は加算で行う。今までのように交付金を単純に上乗せしない。②訪問介護基準時間は45分とする。③自立支援型のサービスを適切に実施できる養成課程の見直し、資質向上の取り組みを行う」という結論が出されました。介護報酬改正法案は、そのまま1月に諮問答申されました。

マスコミも理解していない

これらを国民に知らせるのはマスコミの大事な役割だと思いますが、取り上げ方には温度差がありました。新聞を読み比べると、「厚労省、訪問介護の基準見直し案を提示、生活援助の時間区分を45分に」の見出しはほとんど同じです。しかし、積極的に取材し、利用者の実態を紙面に取り上げる新聞社と、国の発表をそのまま記載する新聞社とでは紙面の扱いも異なります。

私たちが記者会見を開いたときも、「なぜ45分ではダメなのか」と切り返してくる記者もいました。確かに法案はいろいろな抜け道があり、短時間では報酬単価が高くなり、運用によっては事業所の利益は守られます。しかし、私たちが問題としたのは、家事援助時間の短縮化が、ますます行為の細分化につながり、本来の介護ができなくなることでした。

しかし、どんな法案でもそうですが、国民の目の前にそれらが示されたときは、すでに99％確定しているときです。法案を覆《くつがえ》すことは困難でした。

それでも、私たちは、答申が国会にかけられる前にあきらめるわけにいきません。2月、私は札幌でヘルパーたちに「生活援助（家事援助）は訪問介護の砦《とりで》」と訴え、そこで集めた署名を厚労相に届けるとともに、再び、厚労省に説明を求めました。

案の定、それに対する回答も、レコーダーのように今まで繰り返されてきたものでした。

「45分については、アセスメントを適切に行われていればプラス6単位と評価する。『ともに行う行為』は『老計10号』にもあるように身体介護に組み替えられないか。相談助言に対して独自に報酬を決定することは難しい。現報酬の中に含まれている」

すでに決まったことに対しては、聞く耳なし、といった印象でした。

「介護事業所の経営はおおむね改善して、介護職員の給与は減収」というねじれ現象が起こっているなかでの改定、その経過を私は自分の目で見たのです。

審議会のために用意されるデータ、図、文言は、以前につくったものをわずかに修正したもので、論点はまわりくどく、肝心な根拠などは抜けています。利用者や介護職などの声には耳を傾ける気はまったくありません。介護保険は改定ごとに、従事者の希望を打ち砕《くだ》いていきました。

45分案は、そのまま厚労委員会で採択されました。

法に沿って、ケアプラン変更したら・・・

「生活援助基準時間45分」になったことで、ケアマネジャーは、ケアプランの見直しをすぐに行わなければなりません。前年暮れにそれが決定的になったときから、現場では「生活援助3（90分）」のケアプランが組めなくなることは薄々覚悟していました。

しかし、細かい部分がまったく提示されていないため、事業所としても発表を待つしかありませんでした。「自立支援型ケアマネジメント」の名の下に記録書類が増え、事務関係の作業がさらに増えることだけは確実でした。

制度改正の理解についてE区のケアマネジャー協会が、「第88回社会保障審議会の資料は確認したか？」というアンケートを取ったところ、「おおむね確認した」と答えたケアマネジャーは3分の1。残り3分の2は「部分的」もしくは「確認していない」という答えでした。ケアマネジャーにも法そのものに関しての内容理解がされていない状況でした。

それでも、現実に4月からの体制に合わせなければなりません。サービス担当者会議で、各事業者と内容を確認し、生活援助の内容とタイムスケジュールの調整を急いで行う必要がありました。

ヘルパー訪問1回のサービス時間を短縮し、件数を増やしてこまめに移動しないと事業所は減益になります。逆にいえば、利用者の事情をお構いなしに、ケアプランを組むことで増収にもなります。ヘルパーの生活援助時間を短くしても、必ずしも財源節減には結びつかないのです。ただヘルパーはコマネズミのように移動に体力をすり減らすことになります。

介護保険法は、窮屈な服

V　プログラムに沿って法は成立していく

介護保険第5期　２０１２年から２０１４年

12年（平成24年）　4月　改正介護保険法施行（訪問介護45分）
　　　　　　　　　8月　社会保障制度改革推進法強行可決（自助・共助・公助）
13年（平成25年）　1月　介護保険部会再開
　　　　　　　　　12月　持続可能な社会保障制度の確立を図るための改革の推進に関する法律（プログラム法）成立
14年（平成26年）　4月　消費税8％になる
　　　　　　　　　6月　地域における医療及び介護の総合的な確保を推進するための関係法律の整備等に関する法律（医療介護総合確保推進法）成立（表3-5参照）

筋書き通りに成立する法

第5期は、国会の構成が、与党（自民党・公明党）の圧倒的多数による中で、制度がほとんど一方的に成立していった時期でした。私は、法案がどのように成立するか自分の目で確かめたいと思い、審議会も一部傍聴しました。そこで見えてきたことは、段階的に繰り返される周到な根回しでした。

平成27年度介護保険法改正（２０１５年）への経過をたどってみれば表3-5のようになります。

コラム  介護の世界は何か変？

介護職の状況を憂《うれ》える人から、こんな言葉を聞いたことがあります。

介護の世界は何か変？　なんでみんなこんなに一生懸命なの？

自分の体を壊すほど働いて、他人に生きる気力を与えている。多分こんな風に、証券会社で働いたら１０００万円分の働きとなるだろう。それがたったの２００万円。仕事に追われ、社会的地位も低い。

グループホームで、介護職の落ち度を家族はとがめるが、家族も一晩自分で現場に入ってみたらいい。介護職の状況がどんなかわかるだろう。「リスクマネジメントがなってない」といわれるが、生活にリスクはつきもの。介護職だけ責めるのは一方的、まるで弱いものいじめだ。

でも介護職にも注文したい。サービスだからどうしても、顧客の要望が優先するが、ビジネスライクな姿勢も必要。介護職が、飾り立てられた理念で押しつぶされるのが心配だ。自分を見失ってはいけない。教育的介護、自立支援型の介護像の確立も必要ではないか。

新聞を読まない人は多くなっているが、介護職も同様で、それでは、社会人として半人前。少なくとも、介護職には新聞を読んでもらいたい。もっと国の政策に目を向けるべきだ。そうでないと、ヘルパーを馬鹿にする風潮は変わらない。

介護業界では、上に物申すという団体が少ない。発言力がないことも問題だ。介護職を馬鹿にして粗末にすれば人はいなくなる。それを国は自覚すべきだ。

これだけ真剣に人のために尽くしている、一番苦しんでいる人々に手を差し伸べている介護職たち！もっと自信をもってほしい。正々堂々と自分たちの仕事を主張してほしい。

介護職を応援する心からの言葉は、一服の清涼水のように私の心に響きました。

給の場合は、２倍返し、３倍返しの罰則を科す。

10月30日　第51回介護保険部会開催

○予防給付を市区町村の地域支援事業へ移行し、そのスケジュールを設定する。軽度者の訪問介護・通所介護は、基準緩和して、介護予防ボランティア養成研修を受けた65歳以上の高齢者を活用する。多様な生活支援（ゴミだし・洗濯物取り入れ、食器洗い）などを担う。介護予防啓発は、保健師とリハビリ療法士を活用して介護予防機能強化を図る。重点化として特養入所対象を要介護３以上にする。

11月14日　第52回介護保険部会開催

○費用負担の公平化として、一定額以上の高額介護サービス費限度額の見直しを行い、３万７２００円から４万４０００円に引き上げる。

11月27日　第53回介護保険部会

○一定以上所得者の利用者負担の見直し、補足給付の見直しを行う

12月6日「持続可能な社会保障制度の確立を図るための改革の推進に関する法律（プログラム法）」成立

12月20日　第54回介護保険部会開催

○平成27年介護保険法見直し案了承される。

14年（平成26年）６月　医療介護総合確保推進法（地域における医療及び介護の総合的な確保を推進するための関係法律の整備等に関する法律）成立。この法により平成27年度改正介護保険法実施されることになる。

15年（平成27年）４月１日　　平成27年度介護保険改正法施行

表 3-5 平成 27 年（2015 年）介護保険法改正への流れ

11 年（平成 23 年）

6 月　平成 23 年改正介護保険法成立

○地域包括ケアシステム（高齢者が地域で自立した生活を営むことができるようにするため、医療・介護・予防・住まい・生活支援サービスを切れ目なく提供する）の実現を図るために、社会保障審議会介護保険部会で検討を重ね、法改定を行う。

12 年（平成 24 年）　4 月　改正介護保険法施行

8 月「社会保障制度改革推進法」成立。

介護保険については、「介護サービスの効率化・重点化・保険料の増大の抑制を図る」とされる。

8 月　改革推進審議組織として「社会保障制度改革国民会議」設置される。

11 月 21 日「第 1 回社会保障制度国民会議」開催される。（以後平成 25 年 8 月まで 20 回にわたり開催）。

13 年（平成 25 年）　1 月　第 42 回社会保障審議会介護保険部会再開される。

8 月 6 日「社会保障制度改革国民会議」報告される。

○確かな社会保障を将来世代に伝えるための道筋として、自助・共助・公助を主眼とする。給付の重点化・効率化を行い、負担の増大、将来の社会を支える世代への負担の先送りを解消する。社会保障制度は 1970 年代モデルから、2025 年モデルに変えていく。社会保障費の 4 割が公費であり、現在の高齢者世代が享受する社会保障給付について、年金、税等により優遇されている高齢者は資産も含め負担能力に応じていくべきである。結論として、適正化と重点化を行い、利用者負担を引き上げ、補足給付を廃止する。

8 月 21 日　閣議決定される。

○「家族相互の助け合いによる自助・自立を基本に、共助で補完、それでもダメな時に公助で助けるを基本とする。地域包括ケアシステム構築に向けた地域支援事業の見直しを行う。一定以上の所得を有する利用者負担の見直し、補足給付に資産を勘案、年金制度のマクロ経済スライドなど、改革プログラム法案の提出を行う。医療制度、介護保険制度、公的年金制度の改正法案 36 項目について成立までのプログラムを組む。（8 月 21 日「社会保障制度改革国民会議」廃止。行政文書は内閣官房社会保障改革担当室に引き継がれる。）

8 月 28 日　第 46 回介護保険部会開催（社会保障制度国民会議の報告について）

9 月 18 日　第 48 回介護保険部会開催

○訪問介護について、20 分の報酬区分の検討を行う。身体介護の時間区分については、20 分未満を 170 単位（1 単位＝ 10 円）、20 分以上 30 分未満を 254 単位とする。施設サービスについて補足給付対象者（低所得者に食費など減免する制度）が 80％であることに対し見直す。介護老人福祉施設入所者は中重度者に限定する（軽度は利用できない）。

9 月 25 日　第 49 回介護保険部会開催

○一定所得者の介護サービス利用負担について 2 割負担とする。補足給付については、一人 1000 万円預金保持者は対象外とする。配偶者には生活保持義務を課す。不正受改訂の内容は、美辞麗句で飾られながら、次から次へと示されていきます。

「社会保障プログラム法」は、年金・医療・介護の社会保障について、今後どのような改革を行うかの手順、スケジュールを定めた法律です。実際の改革は、「医療保険法」「介護保険法」などの個別の法律を改定することによって初めて実施できるものですが、スケジュールが定められたということは、このころの官房長官が記者会見で頻発する「淡々と、粛々と」の言葉通りにさまざまな法案が政府の筋書き通りに進められていくことを意味します。

これらの会議結果はメディアでも、そのつど報じられますが、現場の国民もそれらの法律がどのように自分たちの身に降りかかってくるかという実感はありません。使用される言葉は難しく、抽象的で意味のよくわからないものだったからです。

国は、介護保険が国民の手の届かないところで、どんどんお手盛りで進めていくことをもはや隠そうとはしませんでした。それは、与党が国会の圧倒的多数を占め、どんな法案も自分の思い通りに進めていける背景があったからです。

10年後？いえ、明日が不安！

２０１２年2月、消費税10％への引き上げと社会保障の充実と安定を掲げた「社会保障・税一体改革大綱」が閣議決定されました。基本的な考え方は、「自助・共助・公助」です。

4月、改正法が実施されました。

私は、介護職養成研修講師も務めていて、介護職をめざす人たちの前に立っていました。若い人の多くは、「介護は人の役に立つ仕事」「生きがいのある仕事」と思い、この業界に飛び込んできます。しかし、介護保険制度の実際を知っていくと、「福祉の心をもて」といっても、効率が優先される介護保険制度の中で、それが可能かといえば、非常に難しいことが予測されます。

介護職になることで、収入が激減する。やりがいのある仕事なら「それでもなお」という気概《きがい》だけで乗り切れるかもしれません。しかし、制度が足を引っ張り、収入も少ない、ということではこのまま仕事につくには躊躇《ちゅうちょ》があって当然です。

彼らは、「処遇が悪ければ働き続けることができない」と悩みます。「10年後の不安」ではなく、「明日が不安！」という切実な言葉が出てきます。

国は介護職を増やそうとしますが、「明日が不安」な職場をそのままにしてはムリなことです。もっとも政治の失敗で失業率が増えれば、その受け皿として介護の仕事に誘導すればいい、という皮肉な計算もあるのかもしれません。しかし、それでは介護の世界は玉石混交《ぎょくせきこんこう》の状況になり、悪くすれば「悪貨は良貨を駆逐」して現場の荒廃を進めてしまいます。

いっぽう自治体がつくるローカル・ルールは、生活援助（家事援助、生活支援サービス）を使わせない方向に誘導されています。国は、訪問介護を身体介護に特化しようとしているので、年輩のヘルパーで生活援助が得意なベテランは、国にとって「無用の長物」です。実際上も、措置時代からのヘルパーは大部分が60歳以上で、短時間でフル回転する働き方にはなじみません。経験や知恵が生かされないことが、介護の質の低下にもつながってくるのは目に見えていました。

連携ということで、ホームヘルパーには、「ホウレンソウ（報告、連絡、相談）が大事」と教育されますが、実際には、「ヘルパーは決められた業務（だけ）を行い、『気がついたこと』があったとき（だけ）報告する」という暗黙の了解があります。逆に利用者に関わること、サービス担当者会議の中身などはほとんど知られません。

国民が法を知ったときはもう遅い

14年の年が明け、制度改定準備が着々と進められると、国民の間でも「これは大変」という意識が生まれました。2月8日、東京に大雪が降った日、私はある学習会に講師として招かれ、これまで見聞きしたことを話しました。

一定額（年金280万円）以上の人の利用料は2割になり、施設入居の場合の補足給付を厳格化する（預金2000万円以上は対象外）ことは、新聞でも報道されていましたから、やはり強い関心があったようです。

私は、事例をあげながら、国の政策をそのまま報告しました。

「国は、利用料が2割になるということについて、夫婦で年金額359万円の世帯では、平均支出はその約7割だから約60万円余るという計算です。だから介護保険の利用料が2割になっても問題がないという前提ですが、それは健康な夫婦の話で、夫婦ともに年老いて、病気になったり、介護が必要になれば支出が増えます。

具体的に、現行では、要介護度3で、80歳前半の男性が通所リハビリに週2回通うと1か月の利用料は1万1123円になります。訪問介護が週1回で月2144円。訪問看護（あるいはPT）週1回で月2735円。福祉用具レンタル料5500円（ベッド、車いす等）。ショートステイは月4日で4063円。通所・ショートステイの食費・居住費で月1万7850円。1か月の利用料合計は4万3465円になります。

これが2割負担になれば月6万9080円になり約7万円です。つまり、年間概算で84万円となり、年間60万円の余裕がある所帯でも介護支出は支えきれません。

いっぽう、施設入所の場合は低所得者向けに、補足給付（ホテルコストの減免）がありますが、預貯金・資産（家など）があるにもかかわらず減免が受けられるのは不公平という論法でそれを外すというのです。

しかし、資産（家）があっても現金がないという人は多数います。夫婦で自宅と施設の二重生活を送っている場合、家は売却できません。生活費は、2倍かかります。リバースモーゲージ（不動産を担保にローンを組む銀行商品）にしても、いろいろ条件があり、いつか家を失うことになります。

持家と借家では条件が違うでしょうが、家賃と医療費、税金、医療・介護保険料を支払うとかなりな額になります。夫婦で月額29万円はふつうに生活する分には少なくありませんが、夫婦どちらかが施設などに入所している場合（月約20万円）、それを支払った残りで生活するのは大変です。

介護保険は、利用者や給付が多くなると保険料や利用者負担に跳ね返る財源構造です。消費税を介護報酬に充てるといっても、介護保険の利用が多くなれば消費税も際限なく上がることになります。また、実際、消費税の増税分が、ほとんど社会保障に回らないことは、これまで皆さんも見てきたことと思います。介護保険料は、年金から強制的に天引きされ、実質第三の税金と考えたほうがよいものですが、たとえば消費税2％アップより、現実的には国民に負担が重いものです」

私の説明に、会場には「えっ」という声や、戸惑いの空気が流れました。しかし、それらは否応《いやおう》なく一年後には実施されるのです。

現在、特養新規入居の対象は要介護度3以上とされ、約52万人が入居し、同じくらいの数の待機者がいます。しかし、今後、利用料の2割負担、補助給付の削減になると、特養にも入所できない、支払えない人の層がピラミッド階層の下層から中層へと増大していくことになります。

国は、最終的には3割負担にしたいという話も聞こえてきますが、こうなると介護保険制度そのものを守ることが目的となり、目的と手段が完全に逆転してしまいます。「国滅んで介護保険あり」という状態でしょうか。

要支援者の「訪問介護」「通所介護」が、自治体による地域支援事業になるということは、介護保険サービスから外されることです。要介護3以下で一人暮らしができない人は有料老人ホームに入るしかないのですが、とうてい年金だけでは賄《まかな》えません。

軽度者は施設入所もできず、在宅サービスも利用できなくなる、これらは明らかに高齢者の生活を圧迫し、国民全体に負担を増すものでした。国の主張は、「2割負担対象者は、現役世代より収入が多い」というのですが、そのうち低所得者にも波及していくのは目に見えていることでした。

絵に描いた餅の社会保障

国民の不安や異議をよそに、「医療介護総合確保推進法」は5月15日衆議院本会議で、6月18日参議院本会議で、与党の賛成多数で可決されました。日本は、法が国会にかけられると、成立は早いのです。国会は審議の場というより、駆け引きと挙手起立の場のようです。

15年8月から年金収入280万円以上の人は、負担額が現行の2倍になることが明記されました。「要支援の訪問介護、通所介護外し」、「特養は要介護3以上」などとともに、「地域包括ケアシステムの構築」が前面に浮上し、具体的な姿をあらわしてきました。

政府のキャッチフレーズである「自助・互助・共助・公助」は、実態上は社会保障の切り崩しの言い換えです。超高齢社会だから、自助、共助が必要というなら、北欧などのような社会主義的なセーフティネットが必要です。ボランティア団体を育成するための戦略も必要になります。ただ、今のまま社会保障を縮小するかけ声としての「自助、共助」を声高にかかげても、国が責任を放棄しているようにしか思えません。

15年度の介護報酬改定も同時に進んでいました。訪問介護報酬は、身体介護・生活援助とも引き下げられました。いっぽう「短時間訪問」は総仕上げのように、「20分未満」の算定がすべての事業所に認められることとなりました。

また、サービス提供責任者の配置基準は利用者50人に一人以上と基準緩和され、ヘルパー2級修了者は介護報酬が3割の減算になりました。ホームヘルパーの周辺は一層厳しいものになってきました。介護職員の処遇改善のための月額1万5000円も盛り込まれていますが、それはさまざまな条件を満たしてのことであり、さらに非常勤ヘルパーにどのように配分されるかということになると、これまでの経過を見ても不透明です。

シルバー産業に期待できるか

「地域包括ケア」の目玉である「定期巡回・随時対応型訪問介護・看護」の利用者数は相変わらず伸びません。従来の訪問介護サービスで十分なのか、使い勝手が悪いからなのかわかりません。

しかし、また周囲を見渡せば、そこには「介護保険法ありき」の世界が広がっていました。制度に合わせるように、その周辺、内部も様変わりしていました。

たとえば、デイサービスは百花繚乱《りょうらん》です。それぞれが「売り」を強調し、地域によっては過当競争をしています。食事がいい、入浴がいい、高価な健康マシンがある、マッサージのサービスがある、マージャンができる、音楽療法などリハビリが充実している、富裕層向けの特別デイなど、さまざまなサービスがシルバー市場の一角を支えています。

しかし、それによって介護保険財政の支出が膨《ふく》らみます。介護保険の支出が膨らめば、シルバー産業が成長し、経済自体が底上げされ、雇用が生まれ、税として国に戻るという計算もあるのでしょう。しかし、繰り返しますが保険料に跳ね返ります。保険料を抑えるためにどうすればいいのかというと、利用料を上げることになります。こうして保険料と利用料を上げながら、シルバー産業は成長していきます。

厚労省がもっとも期待する大手の介護事業所は、介護保険改定の動きをいちはやくキャッチして事業展開します。大手事業者は、さまざまな介護事業を組み合わせる総合介護事業へと舵《かじ》取りをします。デイの拡大路線や、介護保険外のビジネスへの拡充、有料老人ホーム、サービス付き高齢者住宅などで利益を上げていきます。サービス付き高齢者住宅（サ高住）の8割が、訪問介護事業所を併設《へいせつ》し、民間保険会社は介護年金の商品化を進めます。大手の訪問介護事業所は中小企業を買収統合して市場のシェアを広げます。

いっぽう零細事業所は、夜間の訪問など大手事業所が利益としないところを引き受けることになり、ヘルパーの確保に苦慮し、事業所長が自ら訪問介護に走り回っているところも見受けられます。

ケアマネは介護保険に慣れてきた

「地域包括ケア」は、まさに米国のメディケア（高齢者の医療補助制度）そのものです。

米国の格差社会は日本の比ではありませんから、いっぽうでは高級ホテル並みの老人ホームがあり、他方、低所得層は自宅で介護するのが一般的です。中間市民層は、重い医療や介護が必要になったら自宅を売却し、貧困層に落ちていくケースが非常に多いのです。

日本では、介護保険法がはじまった年、厚労省事務官が、「零細の介護事業所ばかりではダメで、大手にならないと市場が安定しない」といいましたが、それが実現した今、市場は安定したのでしょうか。

ビジネスとしての介護事業がますます加速するなか、生活援助など、国民から望まれるサービスが介護保険から外されていきます。利用者は介護サービスを受けられないことで、家族が仕事を辞めざるを得ないという介護離職を招き、消費の低迷をもたらし、日本経済の衰退を促しているようにも見えます。

シルバービジネスが日本経済に貢献することと反対の現象が一部で起こっています。それどころか介護業界は「ブラック産業」とも指摘されるようになりました。

ヘルパーたちの意識も、介護保険法という環境の中で、知らず知らずのうちに変化していました。ある学習会で、私はヘルパーたちにアンケートを取りましたが、そこには二層構造が見えました。

「生活援助を手放してはいけない」「自分たちは福祉援助者」という思いがあるいっぽうで、「ご利用者はお客様、自分たちはサービス業」という意識も浸透していました。非正規という働き方にも、医行為の容認といったことにも抵抗はなく、介護保険制度下で働くことに慣らされているようでした。

社会保障が言葉だけのものに変えられていく

ケアマネジャーも、「公費抑制のゲートキーパーとしていかに効率化を図れるか」を力量の物差しにするという認識や、法令順守を至上命題とすることも当然となっていました。

病院療養から在宅療養に帰ることが最良であり、そのために、ケアマネジャーは、地域ケア会議で「支援」という名のもとに指導を受けます。ケアマネジャーは、自然に保険者の意向に沿ったケアプランを立て、ケアマネジャーの裁量権が不安定であることにも慣れてきたようです。

ケアマネジャーは、利用者のニーズを利用者側に立ってサービスを提案する役目であるはずですが、現実は「決まりだからできない」ことが多く、支給限度額内でのサービスの足し算・引き算に明け暮れます。

自費サービスを盛り込んだケアプランは評価され、利用者の言いなりのプランはバッシングを受けます。書類づくりに追われ、介護保険の構造的な問題にはなかなか目が向けられません。そのようななかで、利用者の側に立って制度に歯向かうような発言をするケアマネジャーは、「指導」を受け、切り捨てられることもあります。

さまざまな様相をみせながら、時は過ぎ、いろいろな情報の洪水にさらされながら、医療、福祉、介護の現場は国の思惑どおり姿を変えていきます。「生活支援はボランティアに」ということは、「生活支援サービス（家事援助）外し」の最終段階です。

利用者負担の見直しは今後も続くのに、介護職の労働環境は一向に改善される見通しはありません。

人材不足は変わらない

社会保障審議会の中では、「介護事業所の経営実態は改善された」とされ、介護事業者のさらなる自助努力が求められました。介護サービスは成長産業ということをアピールして、介護人材の確保を国の政策にしたいという趣旨などからプラスイメージの発言がなされました。

いっぽう、日本介護クラフトユニオンの調査結果では、介護職の給与は21万６４６８円、時給制では13万２７６７円でした。月給制で7割、時給制では6割の人が賃金に不満を持っていて、介護報酬の引き上げを要求する声が半数を占めましたが、事業者の経営努力を求める声も3割ほどありました。事業者は利益を上げているが、自分たちのところには回ってこない、ということへの不満のあらわれでもありました。

現場を無視した国の理不尽な政策が進められる中でも、ヘルパーたちの、粘《ねば》り強く目の前の現状打破の取り組みは続いていました。

「生活援助45分」について、あるヘルパーの組合は、具体的な事例を追跡調査しました。その結果、たとえば90分を2回に分けて行うことは、非効率で費用が増加することもわかりました。その増加分は、利用者の自己負担に跳ね返ります。他方、援助時間が減ったことで、衣食住が適切に整えられず、結果的に状態悪化、在宅生活が維持できず入院になった例がある、という事実も明らかになりました。

また、ある組合では、登録ヘルパーが7割を占め、正規職員の割合が少ないということでは「専門家集団」とは認められないという議論になり、「登録ヘルパー」から「パート」への「昇格」を実現させました。

その結果、これまで、「個人情報保護」という理由で、登録ヘルパー同士は連絡をとらないように指導してきましたが、パート昇格で事務所への出退勤が原則となり、連絡ノートが活用されて情報共有がしっかり行えるようになったというのです。

ヘルパーからも、パート化によって、「ケアマネジャー、看護師との連携が強まった」「ヘルパー同士の話し合いが事業所でできるようになり、これまで悶々《もんもん》とした気持ちで帰っていたことが解消された」「サービス提供責任者は急な派遣要請にも対応でき、シフトも組みやすくなった」「一人ぼっちではなくなった」「自分の業務を見直すことができる」「学習の場が確保され、集団としてのスキルアップが可能になった」といううれしい報告もありました。

しかし、困難な中で、利用者と真剣に向き合っている現場に対して、法を決める立場の者は無関心のようでした。「介護離職の問題は、介護で辞めた人の後釜《あとがま》にまた別の人の雇用があるからその良し悪しは一概《いちがい》に言いきれない」などと平然と言う人まであらわれます。明らかなモラル劣化社会が見えてきますが、現実に、法改定は、そのような人々の考えを下敷きに進んでいくことになります。

Ⅵ 自己負担増は限りなく

介護保険第6期　2015年から2017年

15年（平成27年）

4月　平成27年改正法施行（平成27年4月1日・8月1日）

地域包括ケアシステムの構築。予防給付を地域支援事業に移行し、費用負担の公平化

特養は中重度に特化（要介護3以上）。低所得者の保険料減免拡充（4月1日施行）

一定所得者の利用料2割に。補足給付要件に資産追加（8月1日施行）

骨太方針15素案（16〜18年を集中改革期間。自然増も含め削減していく）示される

6月　軽度の生活援助・福祉用具サービスの見直しを行う

生活援助は全額自己負担。軽度者は介護保険から除外する

10月　軽度の生活援助・福祉用具サービスは地域支援事業に移行する

16年（平成28年）

軽度者の福祉用具貸与・住宅改修の自己負担化。高額介護サービス費の限度額の引き上げ。介護1・2の通所介護サービスを地域支援事業に移行。要介護認定率や1人当たりの介護給付費の適正化を行う。要介護1・2の通所介護は比較的軽い人なので、規制緩和してよい。自治体の予算内で実施する地域支援事業に移すべき。17

年末には訪問介護・デイは全て地域支援事業に移行等
現在は、18年の医療・介護報酬同時改定に向けて、医療計画策定中。持続可能な医療保険制度構築のために、国保財政支援を拡充し、国保義務を都道府県に移管する予定。また70〜74歳の負担能力に応じた負担（応能負担）に切り替える法案を国会に提出する準備を行っている。介護保険制度については、個人の選択を尊重しつつ、介護予防などの自助努力のための動機づけを行える仕組みをもつ地域包括ケアシステムの構築を行う。一定以上の所得の利用者負担の見直し、補足給付の試算勘案の見直し、特養に係わる施設介護サービス支給対象の見直しなど論議されている。

待ったなしの利用者負担増

15年に介護保険第6期がはじまり、保険料は平均5514円になりました。

地域包括ケアシステムの構築、予防給付の地域支援事業への移行がスタートしました。4月1日、特養入所者は要介護3以上の中重度者に限定されるようになり、8月1日には一定所得者の利用料が2割に、補足給付の対象者には資産項目が追加され、預金1000万円以上（単身者）は不可となりました。

この年10月に、財務省は社会保障改革工程表を発表しました。

●軽度対象者の福祉用具貸与・住宅改修の価格の見直しを速やかに実施。
●高額介護サービス費の見直しを速やかに実施。

●自己負担原則２割を17年度の通常国会に法案提出。
●軽度対象者の福祉用具貸与、住宅改修を原則自己負担に（一部補助17年度の通常国会に法案提出）。
●要介護１、２の通所介護サービスを総合事業に移行（17年度の通常国会に法案提出）。
●75歳以上の利用料自己負担を２割に――早急に方策を取りまとめる。

「プログラム法」もあり、国会も与党が圧倒的多数ですから、これらの施策の道筋は「粛々と」実施されていくでしょう。その中には、訪問介護に価格競争の仕組みを取り入れる計画もあります。

荒廃する現場

いっぽう「おもてなしの心が大切」という民間サービス業者の意識が定着し、介護もまた「ブランド化」がもくろまれ、事業所大手では、愛社精神の育成に余念がありません。

これらの企業では、法改正や報酬改定の先をいくサービスが行われています。政策の中に「効率的」という言葉が繰り返されれば、職員の頭にも刷り込まれ、刷り込みの成功は自分たちの労働環境を悪化させます。

私には、耳を疑うような介護現場の状況が入ってきます。

「『利用者様』なんて言葉だけのもの。入浴では裸にしてバスタオルで廊下に整列させる。食事介助は回転寿司状態、薬の混ぜご飯。夜勤帯は１名のスタッフで20名を担当する。売り上げが上がらないのは介護の質が低いからといわれ、売り上げアップを強要される」などなどです。

身近な人が、肩を骨折し入浴ができなくなり、ケアマネジャーと相談、入浴を目的としてデイサービスを利用しました。「どうでした？」と聞く私に、彼女が開口一番言ったことは、「あんなとこ、嫌だわ。介護職の人は一生懸命なのだろうけど、何か雰囲気が悪いの」でした。その言葉に、現場の荒廃が推測され、心が暗くなりました。

労働環境悪化の訴えも、相変わらず聞こえてきます。

「労働契約に、移動時間、利用者キャンセルについての賃金保障がない」「事業悪化のためリストラされた」「2年の契約更新で雇い止めされた」「懲戒処分は就業規則に基づいて行うとしながら、就業規則が示されない。見たこともない」「人件費削減のため、3割～5割賃金カットされた」「10％の引き下げという一方的通告があった」「労働条件の変更規定を無視された」「遅刻3回なら5万円カット」「賞与は支給されたりされなかったりそのとき次第」「登録ヘルパーだが、10時間拘束され、移動時間の保障がなく、実働時間6時間30分しか支払われない。休日労働は手当なし。深夜労働も時給変わりなし」「利用者のセクハラを訴えたら、『プロなら自分で対処せよ』といわれた」「私だけ書類が配られない」「陰口・無視のパワハラがある」「入浴介助時、昇降機の誤作動で起こった介護事故で、介護職本人に100万円の請求がなされた」などなどです。

これらの事実関係は確認できませんが、10年前、私が実際に見聞きした労働環境は一向に改善されていないのです。それどころか、もっとひどくなっているようです。介護職員のストレスは、はかりしれません。

それでも待っている利用者がいるから辞められないと、自己犠牲を払う介護職も少なくありません。忙しく、元気のない職場の中では、虐待、殺人事件さえ起こっています。

いったいどうしてこのような状況になってしまったのでしょう。介護業界は大変なところ、というイメージが国民の間に定着すれば、介護職になろうとする若者はいなくなってしまいます。そこで不利益を被《こうむ》るのは利用者です。いや、もしかしたら最終的には国かもしれません。

介護保険の最初の売りである「介護の社会化」の理念はどこにいったのでしょう。

介護保険って何だったの？

平成27年度の改正介護保険法が施行されて1年たち、各自治体は、その常套《じょうとう》手段としての「激変緩和《げきへんかんわ》」をとった所が多く、そのため一見大きな混乱は見られませんでした。激変緩和とは、今までの施策をしばらくは継続するということです。

地域支援事業では、要支援サービスより大幅減になる見込みですが、各自治体とも以前と同じ報酬単価を認めたのです。しかし、それも一時期のことです。

通所介護から要支援1・2が外され、小規模通所介護は総量規制され、今後、要支援についてはビジネスチャンスがありません。後発組はつぶれ、体力のない事業者は事業継続が難しい状況です。

収入増のため「加算を取ればいい」といっても、加算算定のための事務量も無視できません。また、加算を算定する事業所が一般的になればやがて加算は廃止され、基本に組み入れられるでしょうから、先の見通しは甘くありません。

法を見通した強い体力のある事業所の担当者は、それを経営戦略の「甘さ」とも指摘し、次のように述べます。「きちんと戦略を立てなければいけない。失敗するのは、国が介護保険をどのようなものにしたいかということを事業者が理解していないからだ。減算対象になるサービスは、こうしたサービスはもうやるなという国からのメッセージとして受け取るべきだ。

要支援者向けのサービスは、2級ヘルパーや介護福祉士など有資格者がやる必要はない。自費を増やすようにするべきで、掃除・洗濯・調理・買い物などの家事代行は1時間2500円、病院待ち時間2500円というように、国の施策に沿った保険外サービスで事業規模を拡大させ、売り上げを増やせば、介護報酬の引き下げ分はカバーできる。1時間3000円、1日1回来てもらってできないところをやってもらう。月9万円払えば、自宅で暮らせる人は少なくない。有料老人ホームやサービス付き高齢者住宅に入るより安くて安心だ」

介護保険外サービスは、ビジネスのきっかけととらえて、中・高所得者層に的を絞った安定経営をはかっているようです。それならば介護保険にこだわる必要はありません。

実際、新聞配達店が、30分500円で、電球の取り替え、家具移動などを手伝うといったサービスを開始したとも聞いています。コンビニやスーパーマーケットなどでも宅配サービスが行われています。「隙間《すきま》」ビジネスの形は多種多様です。今後も、このようなサービスが増えてくるかもしれません。

現在論じられていることは、「軽度者の福祉用具貸与」「住宅改修の自己負担」「高額介護サービス費の限度額の引き上げ」「要介護1・2の通所介護サービスの地域支援事業への移行」「要介護認定率や1人当たりの介護給付費の適正化」「64〜74歳の自己負担2割、将来は75歳以上も3割に・・・」などです。

しかし、それらすべて「お金があってこそ」のものです。1か月9万円支払える人々はいいのですが、お金がなかったらどうでしょう。

「私たちは、保険料を払わざるを得ないけど、介護サービスは受けられないね」と、私の身近な人たちは嘆息します。介護保険は国家による詐欺保険。ごくごく穏やかな人々の口からもそんな言葉が出ます。

介護保険って一体何だったのでしょう。

第四章
未来に向けて

失われた20年のなかの介護保険

「失われた10年」とは、バブル景気がはじけ経済不況が日本を覆った90年代を称した言葉です。２０００年代になって、一時景気は持ち直したものの、サブプライムローンをきっかけに起こった世界恐慌のなか、景気回復実感はなく、デフレーションが問題となっていました。これを二つあわせて「失われた20年」とも呼ばれています。

介護保険法の成立前後を振り返れば、まさにこの時代に重なります。当時は気づかなかったけれど、私たちもその渦の中にいたのです。そこで行われた経済政策については、私の力量ではとうてい論ずることはできません。

しかし、国際競争力を高めるという理由でとられた政策が、非正規労働者を増加させ、また少子化を加速させ、国の力を弱めていることは事実だと思います。貧富の差が拡大し、格差社会が進むと社会情勢は不安定になります。

介護保険においては、「制度の維持」が強調され、経済偏重の中で進められてきました。それが介護職をワーキングプア化させてきました。

その渦中《かちゅう》にいながら、私は「介護保険法」が何であるかを長い間、見通せずにいました。さながら、ギリシャ神話のクノッソスの迷宮《めいきゅう》の中にいるようでした。私は、アリアドネの糸をたぐるように、手帳に残されたメモや記憶を手掛かりに、この17年をなぞってきました。

迷宮の姿をすべてとらえることができたとは思いません。しかし、そこで気づいたことは、法というものが実に周到に用意され、進められてきているということです。それは、一つの目的に達するために、何年も前から、人に恐れを抱かせないように、もっともな文言、きれいな言葉を散りばめて流布《るふ》されました。

誘導も巧みでした。人々の利害関係、個別的に見ればいろいろな矛盾を利用して、時には当事者同士の争いも生じさせながら、さらに国会という数で勝負するところで、国は思うがままに法を成立させてきたのです。そして、成立した法律の力は強固です。一度成立した法律は、いろいろな不具合、欠陥が明らかになってもそれを白紙に戻すことは、よほどのことがないとできません。

市場原理主義を取り入れた介護保険法は、社会福祉とは「異次元」のものとなりました。繰り返される「持続可能な制度のために」という言葉のもとで、介護保険は使いにくいものとなり、国民の負担は増大していきました。

国は、財源問題から「給付費削減」を度々繰り返してきましたが、それは市場化とは相反するものです。公費負担分と保険料、利用料で構成される財政は、市場化によってパイが大きくなればなるほどふくらむ構造です。反対に、サービス需要が増えなければ、企業の利益は確保できず、今の介護保険は破綻します。利益を上げるためには、パイはふくらみ続けていかなければなりません。

社会保障縮小の最前線

介護保険制度改正の動きは、またギリシャ神話の「プロクルステスの寝床」、つまりベッドの大きさに合わせて手足を切り落とすような痛み、あるいは体に合わない服を着せられる窮屈さを利用者や介護職に与えてきました。

それは、介護ということを、見かけの行為でくくって進めてきた訪問介護サービスの介護行為の類型化に象徴されます。人も、サービスも法でパターン化され、「決まったことなのだから」と、強制的に法に合わせることがいつの間にか当たり前のことのようになりました。そこでできた綻《ほころ》びは、場当たり式に繕《つくろ》われ、こちらを繕えばあちらが破れる、その繰り返しで介護保険法は変化していきました。

そこでは、さながら怪物ミノタウロスが星を散りばめて描かれたように、さまざまな目新しい言葉、耳触りの良い、でも意味の良くわからない言葉が飛び交いました。たとえば「継ぎ目のない医療と介護システムの構築」

などという耳触りの良い言葉が、改正過程の中に出てきます。

これは別の視点でみると、高額化する医療費の抑制のために介護を機能させることであり、一般病院病床が削減され、介護療養病床になり、さらに介護療養病床も廃止され、在宅へと誘導されていくことでした。

ちなみに、２０１７年２月、国は、今度は、「介護医療院」という要介護者に対し、「長期療養のための医療」と「日常生活上の世話（介護）」を一体的に提供する施設を打ち出します。つまり、「介護保険法上の介護保険施設だが、医療法上は医療提供施設として法的に位置づける」というものです。

これまで、さまざまな事情を抱えて「社会的入院」を余儀なくされている人たちを病院から追い出しても、その人たちの事情は変わらず、あちこちの病院、施設を転々とするだけの不幸な老人を増やしただけ、しかも、これらの施策が、はたして医療財政節減に功を奏したかどうかさえわからないというところで、浮上してきた「介護医療院」、その詳細はまだわかりませんが、かつての「老人病院」が浮かんできてしまいました。

大きな視点でみると、介護保険の17年は、社会保障縮小のための壮大な実験であり、介護保険はその最前線であったようです。

社会保障としての国の責任の放棄は、介護困難層（認知症独居者・低所得者・ボーダーライン層・介護離職層）に「自助努力」という犠牲を強いるだけとなりました。国の言う「自立」とは、介護保険サービスを卒業し、サービスを利用しなくなることのようですが、今後、介護保険サービスと自費サービスを組み合わせる「混合介護」を進め、利用料も３割とするなら、社会保障の意義をなさなくなります。今でも、利用料負担からサービスを受けることができない人々には、保険の意味すらありません。

所得税や消費税は国民の義務として否応なく徴収されますが、住民税、国民健康保険料や介護保険料も、高齢者の年金から強制天引きされる仕組みになっています。介護保険料は、２０００年２９１１円が、２０１６年は

コラム  あるサービス担当者会議

２０１７年1月27日、東北の農村に住む83歳の男性の家で、サービス担当者会議が開かれました。

本人は、1月17日、要介護3から要介護4になりました。片肺切除で在宅酸素をしており、今ではほぼ寝たきりです。認知症はありません。在宅サービスでは、訪問看護・入浴サービス・ベッドのレンタル等福祉用具を受けています。小柄な妻は82歳。夫婦二人で暮らしています。娘は車で45分くらいのところに住み、定期的に両親の面倒を見るために通っていますが、自身も眼疾患を患っています。

妻は、耳が遠く、同じ話を何度も繰り返したり、台所で火を消し忘れるなどの心配なところも見えてきています。

ある真夜中、夫がベッド隣りのポータブルトイレに移ろうとして転落、寒い中で身動きがとれない状況になってしまいました。幸い、その夜は長女が泊まっていたこともあり、二人でなんとかベッドに引き上げたのですが、介助者が腰を痛めそうでした。その後、酸素濃度が低下、呼吸困難になり、救急車で搬送されました。けれども、病院に着いてみれば、酸素濃度は回復し、病院でこれ以上治療することはありません。

夫が入院できないと知った妻は落胆しました。

2月は、この地方では厳寒期を迎える時期です。要介護度も変更したところで、サービス担当者会議が開かれました。酸素濃度の低下、ベッドからの転落、排泄介助、入浴介助、それぞれの専門的分野から発言がなされます。

妻は耳が遠いので、ただ黙って座っているだけです。本人は、「早く終わってくれ」と何度も繰り返します。会議に出席した人々は皆一所懸命です。

でも、本当のところ、本人と妻にはどうだったのでしょう。意に反して介護を受けるようになった要介護者。決して今の状態が本意ではありません。それが自分の務めと思っていても、体力はなくなっている妻に突き付けられたのは、入院できないという今の病院の現実でした。ショートステイも空きがありません。会議が終わり、皆が帰ってから妻がポツンと言いました。

「私はね、寒い間だけでも入れてもらいたかったんだ」

80歳を超えた身で、彼女の老老介護はまたはじまります。現在の介護保険では、一人でも家族がいれば、その家族に全ての責任が負わされます。

6771円と2倍以上になっています。

このままでは、保険料、利用料共に上がり続けるでしょう。「保険原理」でいえば、保険受給者は数%でなければ成り立たないのですから、介護保険制度自体に、時限爆弾のような自爆のシステムが組み込まれているのです。さまざまなサービスが、自費で民間市場に流れていくことも必然でしょう。

それが国のねらいなのでしょうか。しかし、それはまた別の問題を引き起こします。国は自らの首を締めているだけではないでしょうか。

自立支援の目的も達せられず、必要なところに救いの手が届かない「公的介護制度」とは一体何なのでしょう。「国民の介護不安・問題の解決」という根本的な目的は既《すで》に見失われているように見えます。

75歳から老人？

介護保険法の17年を振り返るうちに、私は一つのことに気づきました。それは、学問や理論が、時に国の政策にいいように利用されることです。

現代人は心身が若返っているとして、65歳以上とされる高齢者の定義を75歳以上に引き上げるべきだ、とする提言が17年1月に、日本老年学会から発表されました。

65～74歳は「準高齢者」として、活発な社会活動が可能な人が大多数であり、社会の支え手と捉え直すことが、明るく活力ある高齢化社会につながるとしています。確かに、平均寿命が延び、90歳でも元気な方が珍しくなく、なかには医者にかからず、一粒の薬も飲んでいない人もいます。

しかし、この提言が、65歳以上を対象者として制度設計された介護保険制度にまた都合のよいように利用されないか、と不安に思います。

人は、年をとるから介護が必要になるというのではなく、それぞれの病気や個人を取り巻く環境が、大きく影響を与えるのです。加齢はリスクではあっても、決定的な要因ではありません。

もし、75歳と年齢を区切られ、介護保険対象者もそれに準ずることになれば、入り口でシャットアウトされる可能性があります。そうなれば個々の介護問題で苦しむ多くの人が切り捨てられてしまいます。

もっとも、皮肉な見方をすれば、国は、「老人」が増え続ければ、それに正比例して、要介護「老人」も増え続け、社会保障のためにお金が必要と主張できたのですが、「老人」が一気に75歳になると、その理屈が通らなくなるかもしれません。

けれども、「一億総活躍」の言葉は、「死ぬまで働け」につながり、「介護問題は自己責任」となってしまう危《き》惧《ぐ》を感じるのは私だけでしょうか。

介護をつぶした介護保険

それは私がずっと引っかかっていた家事行為にもいえます。学問としての栄養学では、必要な栄養素の摂取が行われること、家政学では家事がいかに合理的に能率的に行われるかが主眼です。家事は標準化されれば、容易に他人が交代できるものという見方もあります。

それが、介護保険法の家事行為の見方につながっています。介護保険法での家事行為について、識者たちはしばしば欧米の家事行為の標準時間や報酬を引き合いに出しました。しかし、家事行為が標準化されている国々に個別的な日本を合わせようというのはムリがあります。

私たちが、言葉足らずながら訴えてきた「その人らしい生活」とは心の豊かさに通じる「生活の文化」でした。病院の食事が、栄養的には申し分がないのに、患者が食べられないのは、人の心につながる事象まで管理されることがなじまないことであり、それは「弁当に飽きる」という人々の本音につながります。

介護保険法の条文には、訪問介護は「日常生活の世話」と記されています。それは、人の日常生活が維持されるということです。国は、入院患者を在宅に戻すために、病院で行われていた看護行為（軽微な医行為）や身体介護の担い手の確保を目的として、介護に関わるさまざまな法改定を行ってきました。

介護は行為別・機能別に仕分けされ、身体介護と生活援助に区分され、家事行為を外され、排泄介助や水分補給など細切れの行為にされてしまいました。

でも、介護の目的は何でしょうか。それは、自立支援であり、人々の幸せです。介護を受ける人も介護者も幸せになれることです。家事機能の維持拡大は、日常行為を成立させ、社会生活を維持拡大させます。

かつてのヘルパーの生活援助は、一見非効率に見えても、社会福祉援助方法として、自立支援に一番有効な手段でもありました。ある意味で合理的なもので、数字で表すことはできなくとも、人々の笑顔が「評価」でした。決して一方的なものではなく、相互交流がありました。それがヘルパーの明日の活力となっていました。

措置時代、私は、そのような介護の関わり方で、たくさんの幸せを得てきました。介護は、ある意味で、その国の文化や幸福度を表すものだとも思います。私は、また世界の高齢者とお会いするなかで、多くの国で、「人権」としての介護保障施策や老いることの自然な受け入れを目の当たりにしました。

介護保険法の中でも、「利用者の自立を支援し、尊厳を守る」といわれています。しかし、今の介護保険の構造上、それを実現することはとても難しいことです。介護保険では、すべての介護はケアプランや訪問介護計画に基づいて小割に分割され、数分ずつ指定時間内に行われることが求められているからです。

あたりまえのことですが、現実の人の生活や気持ちは千差万別です。それらの人々の尊厳を守り、自立を支えるためには、それなりの専門性、配慮、時間、それを支える政策が必要です。

また、ある意味での規制は事業者にも従事者にも必要です。介護保険法のシステムは、別の角度からみると公的な機関が運営することが一番スムーズにいくのではないかとも思われます。

「介護とは何か」という根本的な視点を欠如したまま、あるのは市場原理主義の中で、いかに制度を存続させ、企業（大手事業者）の利益を確保するかという施策の流れが、「本来あるべき介護の姿」を壊したと私には思えてなりません。

措置時代に戻ることは難しいことでしょうが、「福祉の視点」でなされていた「介護」を取り戻すことは決して不可能ではないと思います。

今も、全国で介護保険に関わる現場で多くの介護職が働いています。ブラック産業などと揶揄《やゆ》されても、一人ひとりは一所懸命です。利用者も、家族も、介護職も、それぞれの心で「介護」に向き合っているのです。もう一度、問いたいと思います。

介護保険制度は、それら一人ひとりの幸福を実現しているでしょうか。時に、自己決定と言う名目で責任回避が図られてはいないでしょうか。家族にすべての責任を負わせていないでしょうか。

介護保険は、企業を利するのではなく、国民の介護問題解決のための法であったはずです。原点に戻って、介護の本来の意味で施策を行うこと、それこそが、国民の国への信頼を取り戻す一番の近道であるとも思います。

勇気ある小さな一歩

介護保険はまた外来種の雑草セイダカアワダチソウに似ているようにも思えます。セイダカアワダチソウは、在来種であるすすきなどを制圧しますが、やがて自分の出す毒素で自滅していきます。このままでは、介護保険法も同じ運命をたどるようにも思えます。

人々が抱えている介護の問題は深刻です。介護保険は、今のその深刻さに対応していないのです。さらに、介護職不足と彼らの生活の不安定さも深刻です。ここを未解決のままにしていては、介護保険は持続できません。

医療の一部を介護職に担わせることで医療費抑制を図ることは、低賃金などの待遇はそのままで、介護職の仕事と責任を増やすことです。最も弱い立場の利用者と介護職に問題を押しつけているだけです。

介護職の待遇については、非正規雇用の増大にメスを入れる必要があります。介護報酬について、事務費と人件費部分との割合を法で定め、人件費をきちんと確保する。そのうえで必要な人件費補助は国が責任を持って行うことなど、具体的な政策が必要です。

教育の現場でも、労働基準法や働く者の権利をきちんと教えることが必要です。介護業界が、従事者の生計を維持できる基盤を担保すれば、介護産業に従事者を再び呼び込むことができ、質の向上も確実に図れるはずです。

また、介護職自身も自分たちの仕事に、冷静に向き合うことも必要です。私は、ここまで国が「家事」を切り捨て、身体介護・医行為へと向かってきたなかで、介護が変質させられたことを述べてきました。介護保険に定められた行為だけが、介護ではないということを知ってもらいたかったからです。

介護を「行為」とだけ考えれば、それを突き詰めていくと最後に残るのは何でしょう。調理・掃除・洗濯は外部サービスや、高機能家電製品で、人にとって代わるようになるかもしれません。買い物は宅配サービスなどが普通となるかもしれません。更衣・排泄・入浴・食事介助・移動介助といった、今の身体介護は介護ロボットがとってかわるかもしれません。その時には、あらためて「介護」の本当の意味が問われるかもしれません。今の介護保険法の規定が絶対ということではないのです。人が矜持《きょうじ》ある「晩年」を過ごせるようにするために、法は、もっと利用者、介護従事者の立場に立って長期的な視点で改正されるべきです。そのためには国や自治体の覚悟も必要です。

かつて、フィンランドのハウホ町で、私はこんな言葉を自治体担当者から聞きました。

「どんなに財源が厳しくとも、私たちは住民に必要な医療介護福祉は守る」

さまざまな介護業界の思惑、利害関係の交錯《こうさく》する、格差拡大が当たり前のような今の世の中に、今の介護保険法はあります。私は、今の介護保険の既定路線の先に、人々が幸せに暮らしている姿を想像することができません。しかし、介護には、本来「人の幸せ」が重なり合っているのです。

それでも、少しの希望があるとすれば、それは法というものは、人が決定するものということです。政策を立案するのは各省庁の官僚であり、立法の府の中でそれを決めるのは国会議員です。特権階級のようにふるまう、おごり高ぶった官僚や国会議員の姿も目にしますが、かれらも一人の人でしかありません。

彼らが、権力や特権にしがみつくことなく、しがらみや利害関係、慣習を超えて、国民を主人公として考えることこそが、未来を切り開く鍵だと思うのです。

政策を決定する立場の心ある人々には、是非、真の改革をめざしてほしい。立ち止まる勇気をもってほしい。また実際の介護にあたる介護職たちには、介護とは何か、原点に立ち戻って考えてみてほしい、全ての人々が自分たちと密接に関係する介護保険制度そのものに対してもっと目を向けてほしい、と切に思います。

そして、それを彼らに気づかせるのは、私たち一人ひとりの政治への関心だと思うのです。さまざまな法は、遠いところにあるようですが、密接に私たちの生活に関わっています。それは、介護だけでなく、あらゆる法に共通することです。

２０１５年、「戦争法案（平和安全法制。外国の戦闘地域まで自衛隊を派遣し、米軍の軍事支援をできるようにするもの）反対」に立ち上がった人々の声に、私は、『介護従事者の生計が維持できる賃金と労働条件を保証してください。お金のあるなしで、介護が受けられないような制度は改めてください』という介護職や利用者の声が重なって聞こえました。

小さくとも、声を出すこと。一歩踏み出すこと。そこには、数で強権的に決められていく政治の姿への懸念《けねん》と、浄化への切実な期待がありました。そして、踏み出す一歩への勇気がありました。その声を、国は決して無視してはならないと思うのです。

私を導いたアリアドネの糸は、そんな末端の目覚めた人々の声であるかもしれません。

あとがき

２０１３年３月、私はそれまで関わってきたさまざまな仕事から退きました。

４月からは、それまでヘルパー研修などで知り合っていた、江戸川健康友の会という民医連の協同組織のボランティアとして、地域の高齢者の居場所作りの活動に関わるようになりました。

所有者の格別のご厚意で提供されたビルの一室での、週３回10時から15時までの活動。いつでも、だれでも、好きな時間に来て、好きな時間に帰れる、そんなゆるやかな活動。ここには、法に縛られない自由さがあります。この居場所の責任者として5年目を迎える今、小さな居場所は、私に穏やかな時間をもたらしてくれています。

けれども、私の中に消えない疼《うず》きがあります。

かつて、私が介護の世界へと導きいれた青年が、ある日突然介護の世界からも、家族の前からも姿を消しました。彼の苦悩を思うと、彼の人生を狂わせてしまったのではないか、自分は何をしてきたのか、今でもとても辛い気持ちになります。消し切れない大きな悔いにさいなまれもします。

私自身、老いの坂を下っていることも事実です。このまま、何もしないでいれば、彼のことも、私が関わってきた介護のことも、何もなかったようにすべてを忘れていくでしょう。

でも忘れてはいけないことがある。今、私にできることは何か。その時浮かんだテーマが、私自身その全容をつかみ切れていなかった「介護保険法」に向き合うことでした。一人のホームヘルパーとしての私が、その時々に見てきたこと、聞いてきたこと、事実をできるだけありのままに記すことでした。

しかし、それはたやすいことではありませんでした。20年近い歳月、法独特の文言や複雑さに比して、頼りにする私のメモや記憶はあまりに細い糸でした。年代ごとに振り返ってみると、私自身見ていたはずなのに見えていなかった事柄の数々、記憶が不確かになっているところも出てきました。

それでも、ここまで来ることができたのは、多くの人の後押しがあったからこそです。励ましてくれた友人たち、私の無理難題に根気強くお付き合いくださり、ユーモラスなイラストを描いてくれた小平さん、すてきな表紙の絵を描いてくれた横山さんには心から感謝を述べさせていただきます。10歳の孫も、安らぎの場としての家を描いてくれました。家族の支えも勇気を与えてくれました。

拙いものですが、この書が、今働いている介護職の方々の現状打破、また国民一人ひとりが自分の問題として、あるべき介護の施策を考えるきっかけとなればとてもうれしいことです。

そして何より、高齢期が負の時代ではなく、すべての人々にとって、人生の夕映えのような輝きの時代であることを、切に願います。

介護は人の幸せにかかわるものですから・・・・。

２０１７年３月　再び巡り来た春の日に

1950年福島県生まれ。江戸川区役所でホームヘルパーとして勤務。介護福祉士。訪問介護員養成研修、社会福祉協議会人材研修、日本社会事業大学大学院、介護支援専門員研修などで講師を務める。著書に、『こんにちはホームヘルパーです』（リヨン社）、『ホームヘルプ労働の自立と未来』（本の泉社）、『ホームヘルパーと訪問介護計画』（本の泉社）、『ホームヘルパーを知っていますか』（萌文社、共著）などのほか、介護職員研修テキストに執筆。

介護保険が「介護」をつぶす
介護とは、豊かな文化創造を担うこと

2017年4月25日　第1版第1刷発行

著　者　櫻井和代
発行者　小平慎一
発行所　ヒポ・サイエンス出版株式会社
〒116-0011 東京都荒川区西尾久 2-23-1
電話 03-5855-8505　ファックス 045-401-4366
http://hippo-science.com
イラスト　横山珠姫（表紙）、小平慎一（本文中）
裏表紙カバーの絵　櫻井奈南
ブックデザイン　徳升澄夫（有限会社ホワイトポイント）
印刷・製本　アイユー印刷株式会社

ISBN9784904912089
定価はカバーに表示してあります。落丁本、乱丁本はお取り替えいたします。

ヒポ・サイエンス出版の本

定価 1300 円＋税　A5 判　総 238 ページ　モノクロ

障害受容はいのちの受容

頸髄損傷《けいずいそんしょう》からの社会復帰

丸山 柾子
NPO 法人スキップ前理事長

松尾 清美
佐賀大学医学部 福祉健康科学部門　准教授

脊髄損傷に関わる家族、医師、リハセラピスト、看護師など医療職・介護職が読むことで、当事者が障害を「受容」するまでの見守り、言葉かけを考えるきっかけになります。

人は、けがなどで重い障害を負うと、絶望の底から精神的に立ち直るまでに長い時間がかかります。

本書は、二部構成になっています。第一部は、頸髄損傷から次第に自分を取り戻し、いのちとは何かを本質から考えるようになる大学教授（体育教育学）とその妻の心の軌跡を描きます。病院のさまざまな役職の人々との交流、一つひとつの言葉かけの大切さが伝わります。第二部は、自ら脊髄損傷となったリハ工学士が、環境づくりの大切さ、リハ工学の意味について具体的な事例で説明します。

ヒポ・サイエンス出版の設立趣旨とお願い

●次のようなカンパニーをつくることを目的とします。

〈実証的〉「ヒポ」は、前4、5世紀の医聖ヒポクラテスのヒポで、意味は、馬、カバです。ヒポクラテスが求めたように何事にも実証的な姿勢でのぞみたいと思います。

〈弁証法的〉他者の批判を率直に受け入れ、感情的・感傷的な言葉を排して、建設的な批判を行いながら、「楽しく」対話の果実を摘み取る共同体をめざしたいと思います。

〈精神の食卓〉「カンパニー」は、本来、「パンを分け合う仲間」を意味します。出版を通して、豊かでオープンな人間関係と人間性を養う共同体でありたいと思います。

〈食卓の精神〉医療・福祉、健康、地理・歴史、地誌、教育の分野で、面白く、かつ哲学のあるものには、〈どん欲なカバ〉であろうと思います。

●皆様の厳正なご意見ご批判をお待ち申しております。

ヒポ・サイエンス出版仲間一同